세 나라는
늘 싸우기만
했을까?

일러두기

1. 한글 맞춤법과 띄어쓰기는 국립국어원의 《표준국어대사전》을 기준으로 하였습니다.
2. 외국 인명과 지명은 국립국어원의 '외래어 표기 용례 자료집'을 따르되 중국 인명과 지명은 우리나라 한자어 발음대로 표기하였습니다.

세 나라는 늘 싸우기만 했을까?

처음 읽는 이웃 나라 역사

한국·중국·일본의 교류 이야기

강창훈 글 ★ 오동 그림

세 나라는 늘 싸우기만 했을까?

중국과 일본은 우리나라와 닮은 점이 꽤 많아. 사람들 생김새도 그렇지만 문화도 비슷한 점이 많지. 두 나라의 문화 유적지나 박물관에 가 보면, 이런 생각이 떠오를 거야. '어, 이거 우리나라에 있는 거랑 똑같네?'

최근에 중국은 동북공정으로 한국의 고대사를 중국의 역사에 포함시키려 해 왔어. 일본은 걸핏하면 교과서 왜곡이나 독도 문제를 일으키곤 하지. 그럴 때마다 중국과 일본이 참 미워지지 않니? 하지만 두 나라는 옛날에도 우리나라를 자주 못살게 굴었어.

우리나라 역사책을 보면 중국과 일본이 쳐들어와서 괴롭힌 이야기가 많이 나와. 한나라는 고조선을 멸망시켰고, 수나라와 당나라는 고구려를 공격했어. 중국 대륙의 유목 민족이 세운 나라들은 고려를 못살게 굴었지. 일본은 임진왜란을 일으켜 조선 땅을 7년 동안이나 짓밟았고, 100여 년 전에는 우리나라를 식민지로 삼기도 했단다.

세 나라는 늘 침략하고 침략 당하고, 괴롭히고 괴롭힘 당하기만 했을까? 그렇지 않아. 세 나라가 함께 지낸 2000년이라는 긴 시간을 놓고 보면, 전쟁을 한 시간은 얼마 되지 않는단다. 대부분의 시간은 사이좋게 지냈지.

    세 나라 사람들은 우리가 생각했던 것보다 훨씬 자주 만났어. 왕이 보낸 외교 사절도 오가고, 새로운 학문과 종교를 배우려는 사람들도 오갔지. 전쟁이 일어나면 서로 싸우기도 했지만, 그럴 때에도 세 나라 사람들은 한데 섞여 서로의 문화를 주고받곤 했단다. 그래서 세 나라의 문화에 비슷한 점이 많아진 거야.

    어린이가 친구를 만나 함께 놀기도 하고 함께 싸우기도 하며 자라듯이, 한국, 중국, 일본 사람들도 서로를 통해 부족한 것을 채워 가면서 함께 성장했어.

    그동안 세 나라가 서로 침략하고 맞서 싸운 이야기는 많이 알고 있지? 그러니 이 책에서는 세 나라가 서로 만나 교류한 이야기를 해 보자꾸나.

    앞으로 커서 어른이 되면, 중국 사람이나 일본 사람과 만나 함께 일하고 어울릴 일이 많아질 거야. 그럴 때마다 세 나라가 싸운 역사보다 함께 나누고 성장했던 역사를 이야기하면 더 좋지 않을까?

2013년 7월
강창훈

| 차례 |

머리말 … 4

세 나라의 첫 만남 … 8

서로 만나서 통하다

1 세 나라의 특별한 관계 … 14
   ★ 세 나라 교류의 축소판, 무령왕릉 … 21

2 무엇을 타고 갔을까? … 22
   ★ 일본 사람도 이용한 신라의 배 … 33

3 말이 통했을까? … 34
   ★ 고려 시대의 중국어 회화 교재, 《노걸대》 … 41

4 서로를 배우다 … 42
   ★ 조선의 세자와 독일인 신부의 만남 … 51

5 국적을 바꾼 사람들 … 52
   ★ 조선 사람이 된 일본 무사 … 59

6 다른 나라에 세운 마을 … 60
   ★ 당나라에서 만난 일본 승려와 신라 사람들 … 70

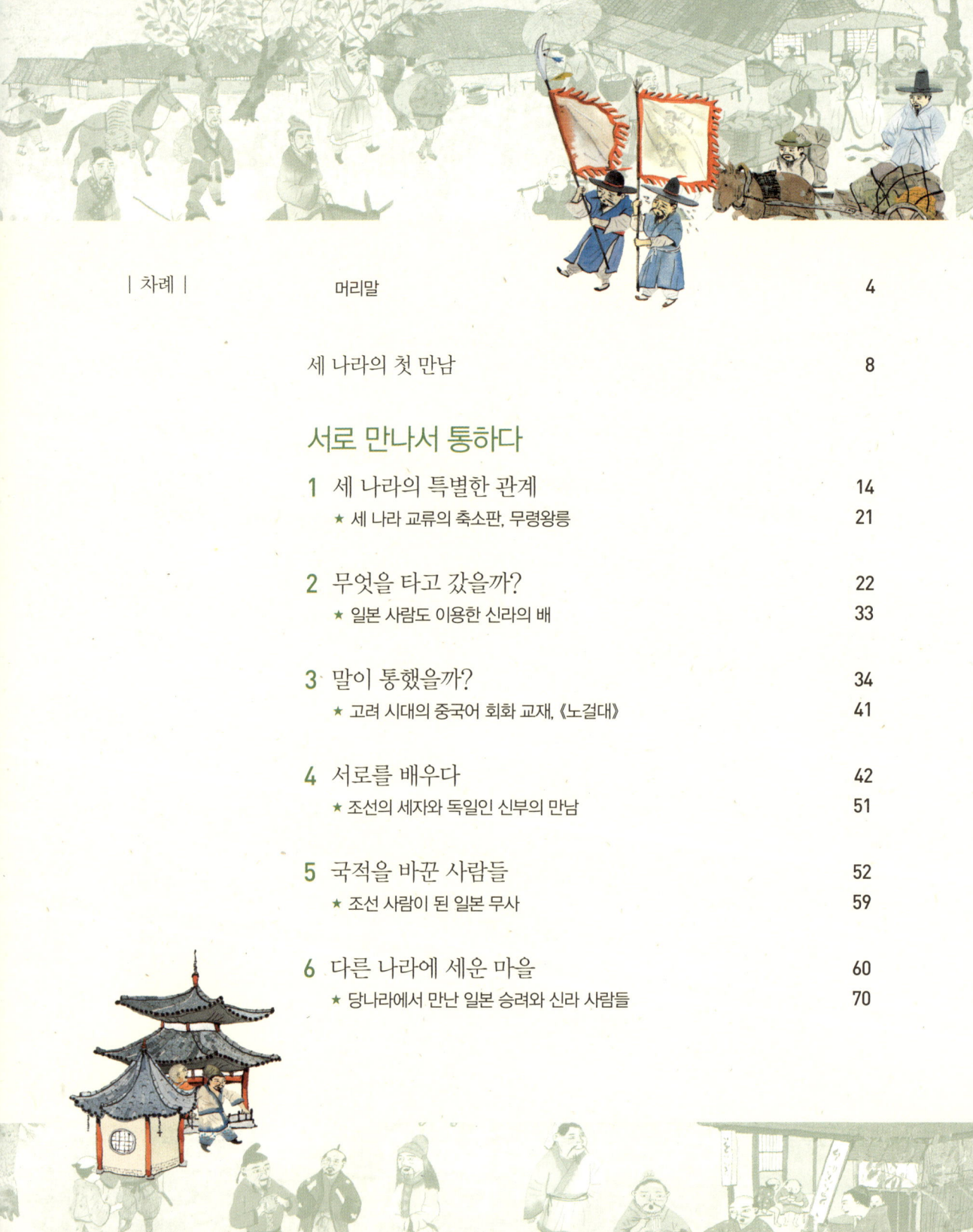

문화를 주고받다

1 공자를 만난 세 나라   74
★ 만권당에서 이야기꽃을 피운 고려와 원나라의 학자들   83

2 대장경에 숨은 이야기   84
★ 쏙 빼닮은 한국과 일본의 불상   92

3 한·중·일 인기 최고의 역사 소설   94
★ 조선의 신이 된 관우   103

4 원조를 뛰어넘은 자기   104
★ 고향으로 돌아온 고려청자   111

5 함께 만든 세계 지도   112
★ 송나라 황제를 놀라게 한 고려 화가   120

6 은이면 다 통해   122
★ 은으로 세계와 하나가 되다   129

세 나라의 미래를 향하여   130

한·중·일 주요 역사 연표   132
참고한 책과 자료 | 사진 자료 제공 | 찾아보기   136

세 나라의 첫 만남

우리나라는 먼 옛날부터 다른 나라들과 서로 오가며 살아왔어. 주로 어떤 나라들과 만나고 교류했을까? 지도를 먼저 살펴볼까? 우리나라가 위치한 한반도가 보이지? 그 서쪽에는 거대한 중국 대륙이 자리하고 있어. 동쪽으로 바다를 살짝 건너뛰면 일본 열도가 있지. 허리를 살짝 뒤로 젖힌 채 한반도를 바라보고서 말이야. 그리고 더 북쪽으로는 시베리아가 있고, 더 남쪽으로는 동남아시아가 있어.

한반도에 살던 사람들은 가까운 중국 대륙이나 일본 열도 사람들과 주로 만났어. 먼 옛날에는 지금처럼 비행기도 없었고 기차나 자동차도 없었어. 배는 있었지만 먼 바다를 항해하기엔 위험했지. 그래서 저 멀리 시베리아나 동남아시아를 오가는 건 어려웠을 거야. 하지만 중국 대륙과 일본 열도는 충분히 왕래할 수 있었어. 중국 대륙은 한반도와 살을 맞대고 있

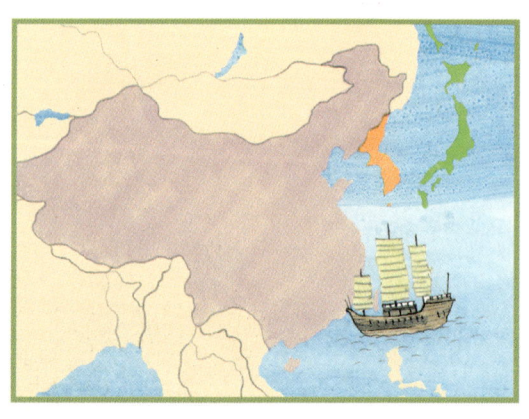

고, 일본 열도도 한반도에서 배를 타고 갈 수 있을 만큼 가까웠으니까.

대륙과 반도, 열도가 만나다
중국 대륙과 한반도, 일본 열도 사람들은 언제 처음 서로 만났을까? 사실 이건 정답을 알 수 없는 문제야. 누구와 누가 처음 만났다는 기록이 남아 있지 않기 때문이지. 하지만 고고학자들의 연구에 우리의 상상력을 보태면 추측은 해 볼 수 있을 것 같구나.

아주 먼 옛날 신석기 시대로 거슬러 올라가 볼까? 중국 대륙과 한반도 그리고 일본 열도 곳곳에는 많은 사람들이 흩어져 살고 있었어. 중국 대륙에서는 황하와 장강 같은 큰 강 유역에 사람들이 많이 살았어. '황하 문명'에 대해 들어 보았지? 황하는 세계 4대 문명 발상지로 꼽힐 정도로 일찍부터 문명이 발달한 곳이야. 한반도와 일본 열도에서도 사람들이 강가나 해안가를 중심으로 마을을 이루며 나름대로 문명을 일구어 살고 있었어.

이렇게 저마다 정착하여 살아가던 세 지역 사람들 중에는 자기가 살던 마을을 떠나 다른 지역으로 옮겨 가는 사람들이 생겨났을 거야. 이유는 다양했겠지. 홍수나 가뭄 때문에 농사를 더는 지을 수 없어 떠났을 수도 있고, 이웃 마을의 침입을 받아 도망쳤을지도 모르지. 그런 사람들 가운데는 훨씬 더 멀리, 중국 대륙으로, 한반도로, 일본 열도로 흘러간 사람도 있었을 거야. 그렇게 해서 세 지역 사람들은 처음 만

명도전
우리나라에서 발견된 춘추전국 시대의 중국 화폐야. 청동으로 만들었는데, 작은 칼 모양에 명명 자로 보이는 글자가 새겨져 있어 '명도전'이라 불린단다. 중국 대륙에서 건너온 사람들이 가져온 것이 아닐까?

나게 되었을 거야.

그런데 신석기 시대가 끝나고 청동기 시대가 시작될 무렵, 중국 대륙에서 가장 먼저 국가가 등장하기 시작했어. 그리고 **춘추전국 시대**를 맞이하여 농업 생산성이 높아지고, 철기가 생산되면서 한반도와 일본 열도보다 더 빨리 선진 문명을 일구었지.

물은 높은 곳에서 낮은 곳으로 흐르지? 문명도 마찬가지야. 중국 대륙의 발달된 문명이 한반도로, 그리고 일본 열도로 전해졌어. 세 지역 사람들은 문명을 전해 주고 전해 받기 위해 만남을 계속 이어 나갔지.

지금부터 2200년 전, 진나라가 춘추전국 시대를 끝내고 중국 대륙을 최초로 통일했어. 그러고 나서 얼마 후 진나라의 뒤를 이어 한나라가 새롭게 등장했지. 그럼, 당시 한반도와 일본 열도는 어땠을까? 한반도에서는 고조선을 비롯한 여러 나라가 등장해 있었고, 일본 열도에서도 수많은 작은 나라들이 탄생했어. 그중에서도 고조선은 중국 대륙의 발달된 문명을 흡수하며 강력한 국가로 성장했단다.

한나라가 탄생한 후에도 세 지역은 계속해서 만남을 이어 나간단다. 하지만 지금까지와 같은 평등한 만남은 더 이상 계속되지 않았어. 어떤 일이 있었던 걸까?

> **춘추전국 시대**
> 진나라가 통일하기 전까지 중국 대륙에서 많은 나라들이 서로 힘을 겨루고 다투었던 시기.

한국, 중국, 일본, 한 지붕 세 가족

중국 대륙에서 진나라가 무너지고 한나라가 등장할 무렵의 일이야. 한나라는 나라를 세운 지 얼마 되지 않아서 무척 어수선했어. 그때 '위만'이란 사람이 한나라에서 도망을 쳤어. 어디로 도망쳤을까? 중국 대륙과 동북쪽으로 맞닿아 있는 고조선이었지.

고조선의 임금 준왕은 위만과 한나라 사람들을 따뜻이 거두어 주었어. 하지만 얼마 후 위만은 준왕을 몰아내고 고조선의 임금이 되었어. 이때부터 고조선을 '위만 조선'이라고도 한단다.

위만은 한나라에서 가져온 철기 제작 기술을 발전시켜 고조선의 국력을 더욱 키웠어. 그리고 한나라와 한반도 남쪽의 여러 나라들 사이에서 **중계 무역**을 해서 큰 이득을 얻었지. 고조선은 점차 한나라를 위협할 정도로 강한 나라가 되어 갔단다.

> **중계 무역**
> 한 나라에서 사들인 물건을 다른 나라에 팔아 이익을 얻는 무역 형태.

그러자 고조선의 힘이 더 세질까 봐 걱정한 한나라 황제 무제가 고조선을 공격했고, 결국 고조선은 멸망하고 말아. 그 소식을 들은 한반도의 여러 나라 왕들은 큰 충격에 빠졌어. 일본 열도에 있는 작은 나라들도 한나라를 두려워하게 되었지.

한반도와 일본 열도의 여러 나라 왕들은 한나라에게 대들기보다는 한나라 황제를 섬기고 받드는 편이 더 낫다고 생각했어. 자기 나라의 왕위와 영토를 지키기 위해 복종하기로 한 거지.

그때부터 세 나라의 관계는 더욱 긴밀해졌어. 한국은 중국에게서, 일본은 중국과 한국에게서 새로운 것을 열심히 받아들였지. 그렇게 해서 세 나라는 마치 한 지붕 아래 사는 것처럼 가까워졌단다.

중국 대륙, 한반도, 일본 열도의 고인돌
세 나라에서는 공통적으로 고인돌이 발견되고 있어. 그중 한반도의 고인돌 수가 가장 많아. 지역마다 고인돌의 모양이 다르지만 같은 '거석문화'에 들어간단다. 일본 규슈 지역의 고인돌에서는 한반도에서 전해진 것으로 보이는 유물도 발견되었어.

서로 만나서 통하다

세 나라는 오가고 만나면서 서로의 문화와 문물을 주고받았어. 이걸 '교류'라고 해. 말도 다르고 사는 곳도 다른 세 나라 사람들은 어떻게 서로를 이해하고 알아 갔을까? 그 모습은 지금과 어떻게 달랐을까? 궁금증을 하나하나 풀어 보자.

세 나라의 특별한 관계 1

두 나라 대통령이 만나 정상 회담을 하는 모습을 텔레비전에서 본 적이 있을 거야. 나란히 앉아서 대화를 나누기도 하고, 기자들 앞에서 기자 회견을 하기도 하지. 두 손을 서로 맞잡고 거리로 나와 두 나라의 사이가 가깝다는 걸 과시하기도 하고 말이야.

그럼, 옛날에는 어땠을까? 한 나라의 왕이 다른 나라의 왕을 직접 만나러 갈 수는 없었어. 그래서 사신을 대신 보냈단다.

이 그림에 등장하는 사람은 한반도에서 중국으로 간 사신이야. 정확히 말하면 무령왕의 명령으로 중국 양나라에 간 백제 사신이지.

백제 사신
중국 〈양직공도〉에 있는 백제 사신이야. 얼굴을 보니 20대나 아무리 많아도 30대 정도밖에 안 되는 젊은이 같아. 허리를 꼿꼿이 세우고 서 있는 모습이 왠지 무척 아무져 보이는구나. 옛날 사신의 모습을 짐작할 수 있겠지?

중국 황제에게서 관직을 받은 백제 무령왕

백제 사신은 무령왕에게서 어떤 임무를 받고 양나라에 갔을까? 양나라 황제 무제와 만나 무슨 이야기를 나누었을까?

백제 사신은 양 무제를 만나서 가장 먼저 백제에서 가져온 선물을 바쳤을 거야. 그런데 이 선물은 그냥 예의를 차리려고 주는 것이 아니었어. 선물 속에는 어떤 의미가 담겨 있었단다.

이런 선물을 '조공'이라고 하는데, 양 무제를 찾아간 백제 사신의 조공에는 이런 의미가 숨어 있었어.

"저희 백제왕께서는 황제 폐하의 나라를 받들고자 합니다. 그러니 신하로 삼아 주십시오."

조공을 받은 양 무제는 무령왕에게 보내는 글을 써서 백제 사신에게 주었어. 그 글 속에는 무령왕을 자신의 신하로 삼는다는 내용과 함께 무령왕의 관직 이름이 적혀 있었지. 조공을 받은 나라가 조공을 바친 나라, 즉 조공국의 왕에게 관직을 내려 주는 걸 '책봉'이라고 해.

양 무제가 백제 무령왕에게 책봉한 관직은 '영동대장군寧東大將軍'이었어. '영동'은 '동쪽을 다스린다'는 뜻이야. 그러니까 동쪽을 다스리는 대장군이라는 뜻이 되는 거지. 그럼 여기에서 동쪽은 어디를 가리키는 걸까? 양나라에서 볼 때 동쪽에 있는 나라들을 가리키는 거야.

중국의 동쪽에는 한반도와 일본 열도가 있지? 당

> 양나라
> 502년부터 557년 동안 세워졌던 중국 위진남북조 시대의 나라.

무령왕릉 지석
무령왕릉 안에서 발견된 지석이야. 오른쪽 위에서부터 글자가 새겨져 있는데, '영동대장군백제사마왕'이라는 글자로 시작되는구나. '사마왕'은 무령왕이 살아 있을 때의 호칭이야. 무령왕이 책봉 받은 관직 이름이 '영동대장군'임을 알려 주는 귀중한 유물이야.

시 한반도에는 백제는 물론이고 신라, 가야가 있었어. 일본 열도에는 야마토 왕조를 비롯한 여러 나라가 있었지. 그러니까 양 무제는 백제 무령왕에게 '신라, 가야, 야마토 왕조 등 여러 나라를 다스리는 대장군'이라는 관직을 주었던 거야.

양나라에 갔던 사신이 '영동대장군'이라는 관직을 받아서 돌아오자, 무령왕은 무척 기뻤을 거야.

"한반도와 일본 열도의 왕 중에서 내가 최고다!"

이 관직이 자랑스러웠던 걸까? 무령왕은 자기 무덤의 비석에 이름을 새길 때 '영동대장군 무령왕'이라는 글을 새겨 넣었단다.

외교
다른 나라와 정치나 경제, 문화 등 여러 분야에서 교류하는 것.

중국 중심의 외교 관계, '조공 책봉 관계'

옛날 세 나라는 백제와 양나라처럼 외교 관계를 맺었어. 백제 무령왕과 양나라 무제처럼, 한쪽이 조공을 바치면 다른 한쪽은 책봉을 해 주는 방식이었지. 이런 걸 '조공 책봉 관계'라고 해.

중국 대륙과 한반도, 일본 열도 사이에 조공 책봉 관계가 본격적으로 시작된 건 한나라 무제 때부터야. 한 무제는 고조선을 멸망시킨 후에 옛 고조선 땅의 일부를 직접 다스리기로 하고, 이곳에 '한사군漢四郡'을 설치했어. 한사군은 '한나라의 네 개의 행정구역'이란 뜻이야. 그중 세 개의 군은 금세 무너졌지만, 낙랑군은 400년 넘게 살아남았어.

한반도와 일본 열도의 여러 나라 왕들은 낙랑군에 사신을 보내서 한나라와 조공 책봉 관계를 맺었단다. 한나라의 수도 장안은 저 멀리 중국 내륙 한가운데에 있어서 직접 오가기에는 너무 멀었을 테니까.

그런데 한 가지 궁금한 점이 생겨. 한나라는 고조선을 정복할 정도로 강한 나라였으니까, 한반도와 일본 열도의 여러 나라들도 모두 정복해서 고조선처럼 직접 지배해도 되지 않았을까? 왜 직접 지배하지 않고 '조공 책봉 관계'에 만족했을까?

한나라는 중국 대륙의 대부분을 차지한 강대국이었어. 엄청나게 넓은 영토를 자랑했지. 하지만 영토가 넓은 만큼 수많은 나라와 국경을 맞대고 있었어. 북쪽에는 **흉노**, 남쪽에는 **남월**, 서쪽에는 **신독**, 동쪽에는 고조선.

흉노
중국 진나라에서 한나라 시기에 몽골과 만리장성 부근에서 활동한 유목 기마 민족.

남월
진나라 말기에서 한나라 초기에 오늘날 베트남 북부 지역에 있었던 나라.

신독
중국인들이 인도 지방을 가리켜 불렀던 명칭. 당나라 때에는 '천축'이라고도 하였다.

한 무제는 사방으로 전쟁을 일으켜 이웃 나라를 정복했지만, 정복한 지역을 직접 다스리는 것은 결코 쉬운 일이 아니었어. 신하와 군대를 일일이 파견해야 하는데, 그러려면 비용이 많이 필요했지. 정복 당한 나라가 반란이라도 일으켜 봐. 문제가 한두 가지가 아니었을 거야. 그래서 한 무제는 직접 다스리기 어려운 나라들과는 조공 책봉 관계를 맺는 것에 만족했단다.

이후 중국 역사에 등장하는 나라들도 이와 비슷한 외교 방식을 택했어. 직접 지배할 수 있는 나라는 신하를 파견해 직접 관리하고, 그렇지 않은 나라와는 조공 책봉 관계를 맺었지.

그럼, 중국과 조공 책봉 관계를 맺은 나라는 어떤 생각을 했을까? 자존심이 많이 상했을까? 꼭 그랬던 것만은 아니야.

중국과 조공 책봉 관계를 맺으면 장점도 많았어. 우선 가장 힘이 센 나라인 중국의 침략을 피하는 것만으로도 이득이었지. 게다가 중국에서 책봉 받은 관직을 드러내며 "나는 강대국의 인정을 받은 왕이다! 그러니 너희도 나에게 복종하라!" 하고 자기 백성들에게 권위를 내세울 수도 있었지.

중국의 선진 제도와 문물을 배우기에도 좋았어. 옛날부터 중국은 자신이 세계의 중심이고 문화도 가장 우수하다며 자부심을 갖고 있었어. 주변의 다른 나라와 민족들은 미개해서 자신이 가르쳐 주어야 한다는 생각도 갖고 있었지. 그래서 조공국은 중국에 사신을 보낼 때마다 바친 조공 물품보다 훨씬 더 좋은 선물을 많이 받아 올 수 있었단다. 어때? 중국을 1등으로 인정하기만 하면, 좋은 점도 있었지?

넘버 투는 양보할 수 없다

그럼, 중국에 이어 2등은 어느 나라였을까? 한반도의 고구려, 백제, 신라였을까? 아니면 일본 열도에 있는 나라들이었을까? 혹시 중국이 누가 2등이라고 정해 주기라도 했을까?

백제 무령왕은 '영동대장군'으로 책봉을 받았다고 했지? 그럼, 백제가 2등이었을까? 그렇지 않아. 중국으로부터 관직을 받은 건 무령왕뿐이 아니었어. 일본 야마토 왕조의 왕도 백제 무령왕처럼 중국 황제에게 사신을 보내 조공을 바치고 관직을 받았어. 야마토 왕조의 어느 왕이 받은 관직은 '신라, 백제, 가야 등등 일곱 나라를 다스리는 왕'이었단다.

조공국들은 중국 황제로부터 책봉 받은 관직을 내밀며 서로 2등이라고 우기곤 했어. 그걸 잘 보여 주는 이야기가 하나 있어. 당나라가 한창 번영하던 때, 그러니까 한반도는 통일 신라 시대가 된 지 100년 가까이 흘렀고, 일본 열도는 야마토 왕조가 '일본'이라는 국호를 내세우고 발전을 거듭하던 무렵의 이야기란다.

어느 해 정월, 당나라 수도 장안의 황궁에서는 새해맞이 잔치가 열렸어. 이 자리에는 조공국들이 보낸 축하 사절도 참석했지.

잔치를 시작하기 전에 당나라 관리가 외국 사신들에게 앉을 자리를 정해 주었어.

"동쪽 첫 번째 자리는 통일 신라, 서쪽 첫 번째 자리는 토번, 동쪽 두 번째 자리는 아라비아, 서쪽 두 번째 자리는 일본……."

당나라 관리는 통일 신라 사신을 가장 높은 자리

사절
왕의 명령을 받아 나라를 대표하여 다른 나라에 파견되는 사신.

토번
중국 당나라 무렵, 지금의 티베트 지역에 있었던 왕국.

중국이 일본에 보낸 금 도장
중국은 한반도와 일본 열도의 왕에게 은 도장이나 금 도장을 보내기도 했어. 각 왕들의 권위를 인정해 주는 뜻으로 보낸 거지.

에 앉히고, 나머지 나라 사신들을 부른 순서대로 앉도록 했단다. 그러자 일본 사신이 손을 들고 강력히 항의했어.

"일본과 신라는 옛날부터 지위가 동등했습니다. 신라 사신이 저보다 높은 자리에 앉다니, 이건 부당한 일입니다."

당나라 관리가 일본 사신의 항의를 받아들였는지는 알 수 없어. 하지만 당시에 당나라가 신라를 일본보다 높게 보았던 건 분명해. 일본은 자존심에 큰 상처를 입었겠지?

한번은 신라가 일본으로 사신을 보낸 적이 있었어. 신라 사신은 스스로를 왕성국의 사신이라고 소개했어. '왕성국'이라는 말은 '주변 나라들을 조공국으로 삼는 나라'라는 뜻이야. 사신의 말대로라면, 일본은 신라의 조공국인 셈이었지. 왕성국이라는 말에 자존심이 상한 일본은 신라 사신을 만나 보지도 않고 내쫓아 버렸단다.

세 나라는 오랫동안 '조공 책봉 관계'를 맺어 왔어. 중국은 세계의 중심이라는 자부심을 지키고, 한국과 일본은 중국의 선진 문화를 평화롭게 받아들일 수 있었지. 우리가 앞으로 함께 살펴볼 세 나라의 교류는 조공 책봉 관계라는 큰 틀 안에서 이루어지게 된단다.

세 나라 교류의 축소판, 무령왕릉

무령왕릉은 백제 무령왕과 왕비의 무덤이야. 왕 부부의 무덤답게 수많은 물건을 간직하고 있지. 하지만 백제 사람들이 만든 물건만 들어 있는 건 아니야. 중국 양나라에서 온 것도 있고, 일본 열도에서 건너온 것도 있어.

백제와 양나라는 사이좋게 지냈어. 무령왕은 사신을 자주 보내서 조공을 바쳤고, 양나라 무제는 백제에 선진 문물을 보내 주기도 했지. 그러던 어느 날 백제 무령왕이 세상을 떠났고, 그 소식은 양나라에도 전해졌어. 양 무제는 무척 슬퍼하며 신하들에게 명령을 내렸어.

"짐의 선물을 보내 죽은 무령왕의 넋을 위로하라!"

얼마 후, 양 무제의 선물이 백제에 도착했어. 양나라에서 온 물건들은 도자기, 청동 그릇, 다리미, 철로 만든 동전 등 하나같이 진귀한 물건들이었지. 무령왕 다음으로 임금이 된 백제 성왕은 양 무제가 보내 준 선물을 아버지의 무덤에 함께 넣기로 결정했어.

무령왕이 죽고 2년이 흘러 임시로 안장한 시신을 왕릉에 매장할 날이 다가왔어. 그 무렵, 뜻밖에도 바다 건너 일본 열도에서 사신이 왔어. 이 사신은 '금송'이라는 나무를 가지고 왔지.

"저희 왕께서 선물하신 나무입니다. 이 나무로 왕의 시신을 넣을 관을 짜도록 하소서."

백제 성왕은 감사의 인사를 전하고, 금송으로 관을 짜서 아버지를 묻었단다.

국립공주박물관에 가면, 무령왕릉에서 나온 유물들을 많이 볼 수 있어. 양 무제가 보낸 선물들과 일본 열도에서 보낸 금송으로 만든 관도 볼 수 있지. 그런 유물들을 보면, 세 나라의 교류가 옛날부터 얼마나 활발했는지를 느낄 수 있단다.

무령왕릉 내부를 복원한 모습
무령왕릉에서 발견된 유물들을 당시의 모습으로 복원했어. 중국에서 온 청동 그릇과 동전, 일본에서 온 나무로 만든 관이 이런 모습으로 넣어졌을 거야.

무엇을 타고 갔을까? 2

중국이나 일본에 가본 적 있어? 북경(베이징)이나 도쿄 정도라면 인천 공항에서 비행기를 타고 2시간이면 도착할 수 있어. 항공료가 비싸다면 배를 이용해도 돼. 배를 타고 항구에 내린 다음에 기차나 자동차를 이용하면 하루 이틀 안에 가고자 하는 곳에 도착할 수 있지.

그럼, 비행기로 하늘을 날 수 없었던 옛날에는 세 나라 사람들이 어떻게 오고 갔을까? 육지로 가는 길(육로)과 바다로 가는 길(해로), 이렇게 두 가지 길이 있었어.

육로는 중국 대륙과 한반도 사람들이 오가는 길이었어. 주로 말을 이용했겠지? 하지만 말은 기차나 자동차처럼 연료만 넣으면 쉬지 않고 달릴 수 있는 교통수단이 아니야. 게다가 말은 신분이 높아야 이용할 수 있었어. 그래서 대부분의 사람들은 두 다리로 걸어가야만 했단다.

해로는 세 나라 사람들이 모두 다녔던 길이야. 당연히 배를 이용했지. 그런데 옛날의 배는 지금의 배와 달랐어. 가까운 곳은 노를 저어 갈 수도 있었지만, 먼 곳을 갈 때는 돛을 달고 바람이 부는 방향으로만 갈 수 있었지. 그래서 오늘날처럼 기계의 힘으로 가는 배보다 훨씬 느렸단다.

　육로를 이용하든 해로를 이용하든, 지금보다는 훨씬 긴 시간이 걸렸을 거야. 하지만 세 나라 사람들은 서로 만나고 교류하기 위해 때로는 목숨을 건 여행도 마다하지 않았단다.

육로와 해로, 어떤 길이 더 나았을까

　중국 양나라에 간 백제 사신의 이야기를 계속 해 보자꾸나. 백제 사신은 어떤 길로 양나라에 갔을까? 너희들이라면 어떤 길로 갔을 것 같아? 비행기도 없고 기차도 없고, 기계의 힘으로 가는 배도 없던 시절이었다는 걸 미리 생각해 두어야 해.

　우선 백제에서 남쪽 바다를 통해 양나라로 가는 방법을 생각해 볼까? 당시 백제의 수도였던 웅진(오늘날의 공주)에서 금강 하구에 도착한 다음, 남쪽으로 황해 연안을 따라 내려가다가 영산강 하구를 거쳐 곧바로 먼 바다로 항해하는 방법이야. 이렇게 가면 거리도 가장 가깝고 시간도 가장 적게 걸렸겠구나. 하지만 먼 바다를 항해해야 했으니 좀 무섭지 않았을까? 바다에서 길을 잃을 수도 있고, 도중에 마실 것과 먹을 것이 떨어져도 잠시 들러 보충할 곳조차 없으니까 말이야.

　좀 더 안전한 길을 찾아보자꾸나. 이번에는 북쪽 바다로 가 볼까? 한반도의 서해안을 따라 북쪽으로 쭉 올라가다가 요동 반도의 남쪽 해안을 따라 서쪽으로 간 후 산동 반도로 건너가는 방법도 있겠네. 먼 바다로 곧장 가는 것보다는 좀 덜 무서울 것 같아. 이렇게 해안을 따라가면,

육지를 오른쪽으로 바라보며 갈 수 있으니까 길을 잃을 염려도 적었겠다. 갑자기 폭풍우를 만나거나 식량이 떨어지더라도, 해안에 잠시 배를 대고 폭풍우를 피하거나 식량을 구할 수도 있었을 테고.

그래도 바다로 가는 건 안심이 안 된다고? 그렇다면 육로로 가면 되지. 좀 더 돌아가야 하지만, 한반도 북쪽을 거쳐서 시계 반대 방향으로 빙 돌아 중국 대륙으로 가는 방법이 있겠구나.

한반도에서 중국 대륙으로 가는 방법은 이렇게 해로와 육로, 두 가지가 있었고, 해로는 다시 두 가지 길로 나뉘었어.

그럼, 백제 사신은 어떤 길로 양나라에 갔을까? 아마도 백제 사신은 먼 바다를 항해해서 양나라로 곧장 가는 해로를 선택했을 거야. 그건 당시의 국제 정세를 알면 금세 파악할 수 있단다.

당시 백제와 고구려는 전쟁을 한 지 얼마 되지 않은 상황이었어. 고구려는 한강 유역을 차지했고, 백제는 고구려한테 밀려 수도를 남쪽으로 옮겼지. 그래서 두 나라는 사이가 좋지 않았단다. 그러니 육로는 당연히 이용할 수 없었고, 서해안을 따라 요동 반도와 산동 반도로 항해할 수도 없었겠지?

이처럼 교통로는 자기 뜻대로 고를 수 있는 것이 아니었어. 안전하게 가고 싶다고 해서 육로를 선택하고, 빨리 가고 싶다고 해서 해로를 선택할 수는 없었지. 중국 대륙과 한반도의 외교 관계가 어떤지를 따져 본 후에 결정해야 했단다.

**해로는
목숨을 건
위험천만한 길**

해로는 육로에 비해 무척 편했어. 배에 가만히 앉아 바람을 타고 가기만 하면 되었으니까. 사람뿐 아니라 물건들도 배가 알아서 날라 주니 일꾼도 많이 필요하지 않았겠지? 또 걸어서 가는 것보다 속도도 빨랐고 말이야.

하지만 해로는 무척 위험한 길이기도 했어. 배를 타고 바다를 건너려면 날씨가 도와주어야 했지. 바람도 적당해야 하고 파도도 높지 않아야 했단다. 그렇지 않으면 바다 한가운데에서 폭풍우를 만나 침몰하여 죽을 수도 있고, 배의 방향이 바뀌어 엉뚱한 곳으로 가 버릴 수도 있었으니까.

한반도와 중국 대륙은 거리가 짧은 편이라 그나마 나았어. 일본과 중국을 왕래하는 사절단은 훨씬 더 위험한 항해를 해야 했단다.

중국 대륙에서 당나라가 전성기를 맞이할 무렵, 일본은 '견당사'라는 조공 사신을 파견했어. 견당사는 '당나라에 보내는 사절단'이라는 뜻이야. 일본은 당나라에 20년에 한 번씩 견당사를 보냈단다.

일본 견당사는 어떤 길로 당나라에 갔을까? 섬나라니까 당연히 배를 타고 갔을 텐데, 그럼 어떤 해로를 이용했을까?

일본이 통일 신라와 사이가 좋을 때는 한반도의 해안을 이용할 수 있었어. 일본 규슈에서 출발하여 한반도의 남해안에서 잠시 머문 후, 서해안을 따라가다가 산동 반도를 통해 당나라에 도달했지. 하지만 통일 신라와 사이가 나빠지면 상황이 바뀌었어. 견당사는 당나라까지 곧장 배

를 타고 가는 길을 선택할 수밖에 없었어. 한반도 해안을 따라갔다가는 신라 군대의 공격을 받을지도 몰랐으니까.

먼 바다로 곧장 가는 길은 훨씬 위험했어. 해안을 보지도 못한 채, 꼬박 한 달 넘게 망망대해를 항해해야 했거든. 그래서 일본에서 출발한 견당사의 배는 당나라에 도착하지 못한 경우가 많았다고 해. 어떤 해에는 파견한 배들이 모두 침몰해서 견당사를 다시 보낸 적도 있었단다.

당나라에서 임무를 마치고 일본으로 돌아갈 때도 위험하기는 마찬가지였어. 도중에 침몰해서 일본으로 돌아오지 못한 사람도 많았지. 배가 표류하여 다시 당나라로 돌아간 뒤 당나라에서 여생을 마친 사람도 있었다는구나.

사절단의 길은 고생길

이제 세 나라 사람들이 오가던 길에서 어떤 일들이 있었는지 좀 더 살펴볼까? 우리는 보통 사람들이 다닌 길에 대해서는 잘 알 수 없지만 외교 사절단이 다닌 길에 대해서는 잘 알 수 있단다. 사신들 중에는 자신의 여행을 기록에 남긴 사람이 많거든. 특히 조선 시대 사신들의 여행기를 보면, 그 생생한 경험담을 들을 수 있지.

조선 시대 사절단은 중국에 갈 때 주로 육로를 이용했어. 육로는 해로보다 덜 위험했지만, 계속 몸을 움직여야 하니 무척 고생스러운 길이었단다. 사절단의 여행이 얼마나 힘들었는지는 박지원이 쓴 《열하일기》라는 책을 보면 짐작할 수 있어.

1780년 청나라 황제가 70세 생일을 맞이하자, 조선은 축하 사절단을 보냈어. 그 사절단에는 박지원도 포함되어 있었지. 사절단은 지위가 가장 높은 정사와 부사, 기록을 담당하는 종사관, 통역을 맡는 역관, 조공 물품을 담당하는 관리 등 약 30명으로 이루어져 있었어. 하지만 이들을 돕는 사람이나 일꾼까지 모두 합하면 300명이나 되는 대식구였단다.

사절단은 조선의 수도 한양에서 출발해서 압록강을 건너 산해관을 통과한 후 청나라의 수도 북경에 도착했어. 지금은 두 시간이면 갈 수 있는 북경이지만, 당시에는 한 달이 넘게 걸렸단다.

오랜 시간이 걸리는 여행이었던 만큼 사절단은 고생도 많이 했어. 특히 자고, 입고, 먹는 것이 가장 힘들었지. 일정한 거리마다 여관이 있었지만, 어떤 날은 제시간에 도착하지 못해 길거리에서 천막을 치고 잠을 자야 했어. 사신들이 입은 소매 넓은 옷은 긴 여행을 하기에는 너무나도 불편했고, 갈아입을 옷도 넉넉하지 않았지. 음식도 조선에서 가져온 재료로 매번 300인분을 직접 요리해야 했단다.

사절단은 이렇게 긴 고생을 한 끝에 8월 한여름, 북경에 도착할 수 있었어. 그런데 북경에서 황당한 소식을 들었어. 황제가 여름을 시원하게 나기 위해 북경보다 북쪽에 있는 '열하'의 궁전에 머물고 있다는 거야.

조선 사절단은 멀리 열하에 있는 황제를 향해 절을 하는 것으로 임무를 대신하고 싶었어. 하지만 청나라 조정은 조선 사절단에게 열하에 가서 황제의 생일잔치에 직접 참석하라고 명령했어. 생일날까지 8일밖에 남지 않은 상황. 북경에서 열하까지의 거리는 서울에

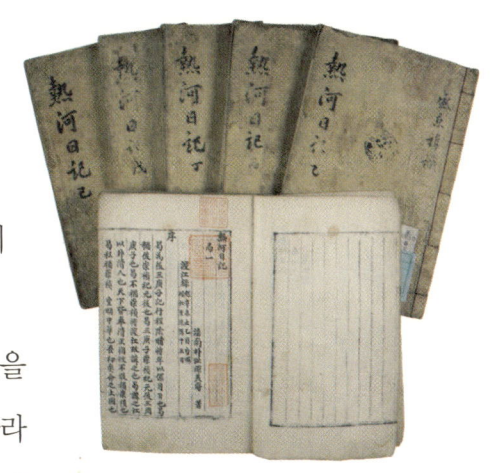

《열하일기》
조선 시대의 실학자 박지원이 사절단과 함께 청나라에서 보고 겪었던 일을 상세하게 정리해 쓴 책이야.

〈국서누선도〉
통신사 일행이 조선의 왕이 보내는 국서를 갖고, 일본의 오사카에서 이층 배(누선)를 타고 교토로 이동하는 모습을 그린 그림이야. 갓을 쓴 통신사 일행이 잘 보이니?

서 대구만큼이나 멀었어. 하지만 어떻게 해? 청나라 조정의 명령이니 무조건 따를 수밖에.

조선 사절단은 할 수 없이 열하를 향해 떠났어. 북경에 도착해서 이제 좀 쉬려나 했는데, 또다시 고생길에 나서야 했던 거지. 사절단 일행은 밤낮없이 달려야 했고, 잔칫날에 맞추어 겨우 열하에 도착할 수 있었단다.

사절단의 길은 흥미진진한 길

사절단의 여행은 무척 힘들었지만 현지 사람들에게 좋은 구경거리였어. 하는 말도 다르고 입은 옷도 다른 사람들이 줄지어 지나가니, 얼마나 신기했겠어? 사절단 일행도 길거리에 늘어선 현지 사람들의 색다른 모습을 보며 여행의 피로를 조금은 잊었을 거야.

저녁이 되어 사절단 일행이 숙소에 머물면, 두 나라 사람들 사이에 직접 만남이 이루어지곤 했어. 주로 현지 사람들이 사절단 일행이 머무는

숙소로 찾아오곤 했지. 두 나라 사람들은 이렇게 멀리서 바라보기도 하고 직접 만나기도 하면서 서로의 문화와 풍습에 대해 이해했고, 친구가 되기도 했어. 이런 모습은 특히 일본을 다녀온 조선 사신들의 여행기에 많이 나온단다.

조선은 나라를 세운 이후 모두 20차례 일본에 사절단을 파견했어. 조선이 일본에 보낸 사절단을 '통신사通信使'라고 해. '두 나라가 서로 신의를 통해 교류한다.'는 뜻으로 통신사라고 불렀지.

일본으로 가는 길은 중국으로 가는 길보다 훨씬 더 멀고 험난했어. 조선의 수도 한양에서 일본의 수도 에도(오늘날의 도쿄)까지 육지와 바다를 거쳐 2000킬로미터가 넘는 길을 가야 했으니까.

한성을 출발한 통신사 일행은 동래(오늘날의 부산)에 도착한 후 배를 타고 쓰시마(대마도)에 잠시 들렀다가 세토 내해를 따라 항해해서 오사카에 도착했어. 그러고는 다시 배를 갈아타고 강을 따라 교토에 도착한 후 에도까지 걸어가야 했지. 날씨에 따라 달랐지만, 보통 6개월에서 9개월 정도 걸렸다는구나.

조선 통신사의 행렬은 무척 크고 화려했어. 조선에서 일본으로 갈 때는 겨우 배 여섯 척으로 출발했지만, 중간에 일본 배가 하나둘씩 따라붙어 어느새 300척 규모로 늘어났단다. 교토에서 에도까지 걸어서 이동할 때는 300여 명의 통신사 일행이 가져온 짐을 운반하기 위해 30만 명의 일꾼과 8만 마리의 말이 동원되었다고 해. 사람들은 이 거대한 행렬을 구경하기 위해 강가로, 거리로 쏟아져 나왔어.

통신사는 머무는 곳마다 현지 사람들의 환영을 받았어. 특히 통신사가 머무는 숙소에는 항상 많은 사람들이 몰려들었어. 그중에는 조선의 학문을 배우려는 사람도 있었고, 한시를 지어 달라거나 그림을 그려 달라고 조르는 사람도 있었지.

어떤 조선 사신은 이런 일도 겪었어. 에도로 가는 길에 어떤 일본 사람에게 한시를 지어 주었는데, 에도에서 일을 마치고 돌아오는 길에 보니, 자기가 써 준 한시가 책으로 출간되어 사람들 사이에서 읽히고 있었다는 거야.

세 나라 사람들의 만남은 그야말로 목숨을 건 만남이었어. 그렇게 위험한 길도 마다하지 않은 건 왜일까? 당시 세 나라 사람들에게 만남과 교류란 목숨을 걸 만큼 중요한 일이었기 때문이 아닐까?

일본 사람도 이용한 신라의 배

장보고를 모르는 사람은 없겠지? 장보고는 통일 신라가 남해안에 세운 군사 무역 기지인 '청해진'을 중심으로 당나라와 일본을 제 집처럼 드나들며 세 나라의 무역을 주도했던 사람이야. 그래서 장보고를 해상왕海商王이라고 부르기도 해.

하지만 장보고가 해상왕이 된 건 그의 개인적인 능력이 뛰어났기 때문만은 아니야. 장보고가 타고 다닌 통일 신라의 배는 당나라의 배 못지않게 크고 튼튼했어. 그래서 위험한 바다를 누비고 다니며 마음껏 무역 활동을 벌일 수 있었던 거지.

통일 신라의 배는 무척 컸던 모양이야. 선원을 140명이나 태울 수 있었대. 그리고 사람과 짐을 250톤까지 실을 수 있었고 말이야. 그래도 이 배의 규모가 어느 정도였는지 잘 모르겠다고?

1492년에 아메리카 신대륙을 발견한 콜럼버스, 잘 알지? 콜럼버스가 대서양을 건널 때 탔던 배가 실을 수 있었던 사람과 짐의 양이 250톤이었어. 그러니까 신라 사람들은 콜럼버스보다 600~700년 앞서서 이미 250톤을 실을 수 있는 배를 만드는 기술을 가지고 있었던 거야.

통일 신라의 배는 일본 사람들에게도 인기가 높았어. 일본 견당사는 당나라를 오갈 때 통일 신라의 배를 자주 이용했단다. 특히 일본으로 돌아올 때는 더 자주 이용했지. 당시 당나라에는 무역에 종사하는 신라 사람이 많았어. 견당사 일행은 귀국할 때 신라 사람들에게 배를 빌리곤 했다는구나.

그 덕분에 일본 견당사는 당나라의 선진 문물을 온전히 일본으로 가져올 수 있었어. 통일 신라의 배가 당나라와 일본의 교류에 큰 도움을 준 셈이지.

장보고의 무역선
당나라와 일본 등지를 누볐던 장보고의 무역선을 복원해 만든 모형이야. 250톤을 실을 수 있었다니 얼마나 컸을지 짐작이 가니?

말이 통했을까? 3

"하늘 천天, 땅 지地, 검을 현玄, 누를 황黃……."

이렇게 시작되는 책, 무엇인지 알지? 바로 《천자문》이야. 《천자문》은 중국에서 만든 책이야. 우리나라에는 삼국 시대 때 전해졌고, 일본에는 백제의 왕인에 의해 전해졌다고 해. 그 후 《천자문》은 세 나라에서 1500년이 넘게 한자를 익히는 기초 학습 교재로 사용되었어.

한자가 처음 태어난 곳은 중국이야. 지금부터 3000년 전 중국 은나라 때 갑골문이라고 부르는 문자가 있었는데, 갑골문이 점점 변해서 한자가 되었지. 한자는 중국에만 머물지 않고 한국과 일본으로도 퍼져 나갔어.

한자는 어떻게 세 나라가 함께 쓰게 되었을까?

궁금한 것이 하나 있어. 한국과 일본은 왜 한자를 받아들여 사용했을까?

"문자가 필요해. 하지만 우린 새로 만들 능력이 없어. 그러니까 중국의 한자라도 사용하자."

이런 생각으로 한자를 사용했을까? 그렇지 않아. 두 나라가 한자를 쓰게 된 데는 다른 특별한 이유가 있어. 그건 한국과 일본이 오랜 시간 동안 중국과 조공 책봉 관계를 맺은 것과 관계가 있단다.

한국과 일본의 왕들은 중국에 자주 사신을 파견했어. 사신의 입을 통해 자기의 뜻을 중국 황제에게 전달하고, 사신의 귀를 통해 중국 황제의 명령을 들어야 했지.

그런데 이렇게 중요한 이야기를 사신의 입과 귀로만 주고받아도 되었을까? 사신이 내용을 잘못 전달하거나, 일부러 내용을 바꾸기라도 하면 큰일이잖아? 그런 일을 막으려면 외교 문서에 내용을 담아 전달하는 것이 정확했겠지? 그렇다면 외교 문서에는 어떤 글자를 사용해야 했을까? 당연히 중국 황제가 사용하는 한자를 사용해야 했어. 중국과 외교 관계를 유지하기 위해선 반드시 한자를 알아야 했단다.

하지만 한자가 외교 문서를 작성할 때만 필요했다면, 한국과 일본에서 오래 살아남지 못했을 거야. 왕과 외교를 담당하는 신하만 익혀도 충분했을 테니까. 그러나 상황은 정반대였어.

중국과 외교 관계가 깊어지면서 자연스럽게 학문과 문화 교류도 늘어갔어. 국경을 오가는 무역도 증가했지. 그 바람에 한자의 쓰임새도 함께 커졌어. 어느새 한자는 왕과 외교 담당자뿐 아니라 일반 관리와 학자, 무역 상인도 익혀야 하는 문자가 된 거야.

한자는 점점 많은 사람들에게 퍼져나갔어. 그렇게 시간이 흐르고 한

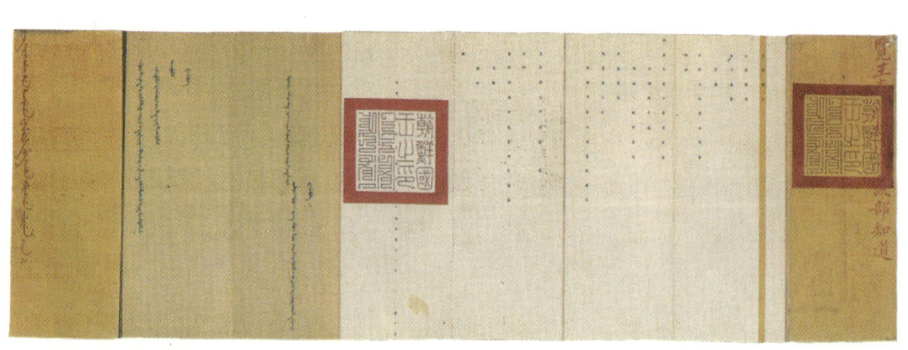

조선과 청나라를 오간 외교 문서
1827년과 1852년에 청나라에 파견된 조선의 사절단이 청나라 황제에게 올렸던 외교 문서야. 이 문서에는 조선 국왕과 청나라 황제의 인장이 함께 찍혀 있어.

자를 아는 사람이 많아지다 보니, 한자는 한국에서도 일본에서도 공용 문자가 되었던 거야.

한자 문화권의 탄생

'사서삼경'과 '대장경'은 각각 공자의 유가 사상과 불교의 가르침을 담은 책이야. 사서삼경은 중국에서 탄생한 유가 사상의 기본 경전으로, 《대학》, 《논어》, 《맹자》, 《중용》의 '사서'와 《시경》, 《서경》, 《역경》의 '삼경'을 말해. 대장경은 중국 사람들이 석가모니의 가르침을 모두 모아 한자로 번역한 책을 가리키지.

그럼, 이 둘의 공통점은 무엇일까? 우선은 중국에서 만들어졌다는 점을 들 수 있을 거야. 또 하나의 공통점은 중국을 비롯한 한국과 일본 세 나라 사람들이 오랜 옛날부터 읽어 왔고 지금도 읽고 있는 책이라는 거야. 기독교의 '성경'처럼 말이야.

그런데 사서삼경과 대장경이 세 나라의 스테디셀러가 되었던 가장 큰 이유는 무얼까? 그건 한자로 쓰여 있어서 세 나라 사람들이 모두 읽을 수 있었기 때문이야.

유가 사상은 한자로 쓰인 사서삼경을 통해서, 불교는 중국에서 한자로 번역한 대장경을 통해서 한국과 일본에까지 널리 퍼졌어. 또한 한국과 일본에서 더욱 깊이 연구하여 한자로 쓴 유가 사상과 불교 책들이 거꾸로 중국에 전해지기도 했지.

세 나라는 한자를 공유한 덕분에 사상과 종교뿐 아니라 다양한 문화도 공유할 수 있었어. 조선과 일본 사람들은 당나라의 천재 시인 이백의

시를 감상하고 《삼국지연의》를 즐겼어. 통일 신라의 학자 최치원이 쓴 문학 작품들은 당나라 사람들의 마음을 사로잡아 당나라의 역사책에 그 이름을 남기기도 했어.

이처럼 한자는 세 나라가 공통의 문화를 만들고 함께 나누는 데 큰 역할을 했어. 그래서 어떤 학자는 세 나라를 하나로 묶어 '한자 문화권'이라고 부르기도 한단다.

만약 세 나라가 한자를 함께 사용하지 않았다면 어땠을까? 아마도 문화적으로 전혀 다른 모습의 나라가 되어 있을지도 몰라.

글로 대화를 나누다

세 나라 사람들은 직접 만났을 때 어떻게 의사소통을 했을까? 서로 말이 달랐기 때문에 통역사가 필요했을 거야. 옛날에도 통역을 전문 직업으로 가진 사람이 있었는데, '역관'이라고 불렀어. 하지만 역관이 없을 경우에는 어떻게 대화를 나누었을까?

그럴 때 사용한 것이 필담이야. 필담은 말이 통하지 않을 때 글로 써서 대화를 나누는 걸 말해. 세 나라 모두 한자를 사용했기 때문에 한자를 아는 사람들이라면 언제든 필담이 가능했지.

필담을 하면 말로 하는 것보다 훨씬 오래 걸려서 갑갑하고 짜증나지 않았을까? 당시 사람들은 늘 한자를 사용했기 때문에 우리가 상상하는 것 이상으로 무척 빨리 붓을 놀릴 수 있었어. 또 필담은 말로 나누는 대화보다 오히려 유익한 점도 있었어. 조선 시대 실학자 홍대용의 이야기를 들어 보면 그게 무엇인지 알게 될 거야.

홍대용은 청나라 사절단의 일행이 되어 북경에 간 적이 있었어. 북경에 도착하여 우연히 청나라 사람들을 만났지. 그들은 과거를 보기 위해 지방에서 북경으로 올라온 사람들이었는데, 홍대용은 그들과 금세 친구가 되었단다.

홍대용은 청나라 친구들과 대화를 나누었어. 물론 필담이었지. 이들은 두 나라의 학문이 어떻게 다른지를 놓고 대화를 나누었어. 처음에는 가볍게 시작했지만, 대화가 점점 깊어져 토론으로 발전했단다. 그런 만남은 일곱 번이나 계속되었어. 그 사이에 필담을 나눈 종이도 점점 쌓여만 갔지.

대화가 끝난 후, 필담을 나눈 종이는 어떻게 했을까? 그냥 버렸을까? 그렇지 않아. 필담을 나눈 종이에는 두 나라 학자들이 나눈 깊이 있는 대화 내용이 담겼어. 나중에 다시 살펴보면 공부가 될 내용이 무척 많았지. 홍대용과 청나라 친구들은 필담을 나눈 종이를 사이좋게 반씩 나누어 가졌단다.

조선으로 돌아온 홍대용은 필담의 내용을 참고해서 〈건정동필담〉을 지었어. 홍대용이 청나라 친구들과 필담을 나눈 곳이 북경의 '건정동'이었지.

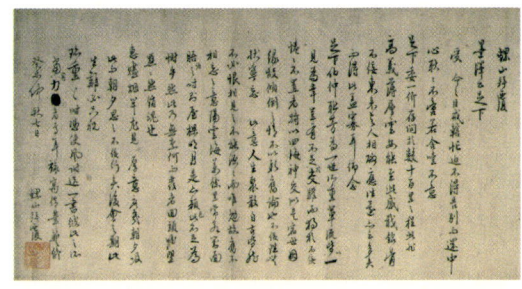

《임박시권》
조선 통신사 박안기와 일본 유학자 하야시 라잔은 시와 편지를 주고받으며 친해졌단다. 두 사람의 글을 모으고 둘의 이름, 하야시林와 박朴을 붙여 제목을 정한 책이야.

홍대용의 초상화
청나라 사절단을 따라 북경에 간 홍대용은 청나라 학자들과 지식을 나누고, 서양 문물도 고루 견학했어. 이때 얻은 지식을 바탕으로 《을병연행록》도 펴냈지. 이 그림은 홍대용과 만나 교류한 청나라 사람 엄성이 그린 거야.

홍대용의 〈건정동필담〉은 조선의 학문 발전에 크게 기여했어. 이 책은 조선에는 잘 알려지지 않은 청나라의 학문과 문화를 많이 소개하여, 조선의 선비들에게 새로운 자극이 되었지. 그래서 이 글을 읽은 사람들 중에는 청나라의 학문을 배워야 한다고 주장하는 '북학파'가 생겨나기도 했단다.

중국의 한자는 조공 책봉 관계라는 외교 관계를 통해 한국과 일본에 전해져 오랫동안 세 나라 공통의 문자로 사용되었어. 세 나라는 한자를 매개로 사상과 종교, 문화를 공유했어. 또 한자를 이용한 필담으로 서로의 생각을 나누기도 했단다.

# 고려 시대의 중국어 회화 교재, 《노걸대》

현재 우리가 가장 중요하게 여기는 외국어는 영어야. 그럼, 옛날 우리나라 사람들에게 가장 중요한 외국어는 무엇이었을까? 바로 중국어였어. 중국은 우리와 지리적으로 가깝고, 오랫동안 강대국이었으니까 중국어를 배우는 사람이 많았지.

그래서 옛날에도 중국어 학습 교재가 있었어. 《노걸대》라고 하는 책이야. 고려 시대 때 만든 책인데, 주로 역관이나 원나라와 교역하는 상인들이 이 책으로 중국어를 공부했단다.

《노걸대》는 중국어 회화 교재이지만, 재미있는 내용도 많이 들어 있어. 고려 상인과 원나라 상인이 만나서 이야기를 나누는 형식으로 되어 있는데, 당시 두 나라 사이에 어떤 상품이 오갔는지, 당시 고려 상인들이 원나라에 가서 어떤 일들을 겪었는지를 짐작할 수 있단다.

그럼, 《노걸대》에 나오는 한 장면을 살펴볼까?

원나라 상인 이 말들, 전부 합쳐 얼마요?
고려 상인 전부 다 해서 120정일세.
원나라 상인 도대체 팔 생각이 있기나 한 거요? 그렇게 엉터리 값을 부르면 나보고 어쩌란 말이오?
고려 상인 그럼, 얼마면 사겠소?
원나라 상인 좋은 말 다섯 마리는 한 마리에 7정씩 해서 35정, 상태가 안 좋은 열 마리는 한 마리에 5정씩 모두 50정, 모두 합쳐 85정으로 합시다.
고려 상인 지금 누굴 놀리시오? 그 값이면 우리 고려 땅에서도 살 수 없소. 사기 싫으면 관두시오.
원나라 상인 무슨 말을 그렇게 하시오? 살 생각이 없었으면, 뭐 하러 여기까지 왔겠소?

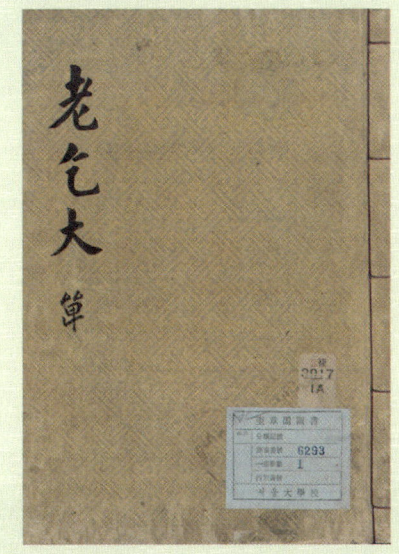

《노걸대》
고려 시대 말부터 조선 시대까지 사용했던 중국어 회화책이야. 고려의 상인이 중국에 가서 물건을 사고팔고 다시 고려로 돌아오기까지의 이야기를 대화로 꾸며 구성했어.

서로를 배우다

4

조기 유학에 대해 들어 보았지? 초등학교 때나 중고등학교 때 외국으로 공부하러 가는 걸 말해. 예전에는 미국이나 캐나다, 호주로 많이 갔는데, 요즘에는 중국으로 조기 유학을 떠나는 학생이 늘고 있어. 중국이 점점 경제 대국이 되어 가니까, 어렸을 때부터 중국에서 공부하면 나중에 커서 좋은 점이 많을 거라 생각하기 때문이겠지.

중국 조기 유학은 요즘에 처음 나타난 현상이 아니야. 옛날에도 있었어. 중국이 세계 최고의 선진국이었던 당나라 때에도 조기 유학 열풍이 분 적이 있단다. 통일 신라의 유명한 학자 최치원도 조기 유학생이었단다.

당나라 조기 유학생, 최치원

최치원이 당나라로 유학을 떠난 건 열두 살 때였어. 지금으로 치면 겨우 초등학교 5학년 때구나.

최치원의 아버지는 당나라로 떠나는 아들에게 이렇게 말했어.

"10년 안에 반드시 과거에 급제해야 한다. 그러지 못하면 넌 내 아들이 아니다!"

당나라에는 최치원처럼 외국에서 유학을 온 학생들이 많았어. 당나라의 국립 대학인 국자감에 입학해서 공부를 했지. 이 학교에는 특히 신라 유학생이 많았어. 어떤 해에는 200명이 넘은 적도 있었다는구나.

최치원은 열심히 공부해서 6년 만인 열여덟 살에 과거에 장원 급제를 했단다. 당나라의 과거에 신라 사람이, 그것도 장원으로 합격했다니. 정말 놀랍지? 물론 당나라 학생들과 함께 경쟁해서 합격한 건 아니야. 당나라에는 외국 사람들만 치르는 '빈공과'라는 시험이 따로 있었어.

과거에 합격한 최치원은 당나라의 관리로 일했고, 당나라로 온 지 17년 만에 통일 신라로 귀국했어. 그 후 당나라에서 배운 학문과 경험을 바탕으로 통일 신라의 발전을 위해 노력했단다.

최치원은 유학생이었지만 당나라의 것을 일방적으로 배우기만 했던 것은 아니야. 훌륭한 문학 작품을 많이 지어 당나라 지식인들에게 큰 감동을 주었다는구나. 작품 중 일부가 당나라의 역사책 《당서》〈예문지〉에 실린 것만 봐도 짐작할 수 있지. 하지만 최치원이 당나라 역사에 남긴 가장 큰 발자취는 뭐니 뭐니 해도 〈토황소격문〉이라는 글이야.

최치원이 당나라의 지방 관리로 일할 무렵 황소라는 사람이 반란을 일으켰어. 당나라는 멸망할지도 모를 큰 위기에 빠졌지. 최치원은 반란을 일으킨 황소를 꾸짖고 반란군에 맞설 군사를 모집하기 위해 〈토황소격문〉을 썼어. 그런데 이 글을 읽은 황소가 그만 놀라서 말에서 떨어졌다는구나. 외국 유학생 출신 관리였지만, 멋진 문장으로 반란군의 기를 확 꺾어 버린 거지.

유학을 갔다가 당나라에 뼈를 묻다

당나라에는 일본에서 온 유학생도 있었어. 일본 유학생들은 견당사의 배를 타고 당나라에 도착해서 유학 생활을 시작했단다. 그런데 한 번 오면 길게는 20년씩이나 당나라에 머물러야 했어. 자신들이 타고 가야 할 견당사의 배가 20년이 지난 후에 오는 경우도 있었거든.

일본에서 온 유학생 중에 기비노 마키비와 아베노 나카마로라는 사람이 있었어. 두 사람 역시 견당사의 배를 타고 당나라에 왔고, 신라 유학생들처럼 국자감에 입학해서 열심히 공부했지.

20년이 지난 후 일본의 견당사가 당나라에 도착하자, 기비노 마키비는 일본으로 돌아가기로 결심했어. 그동안 당나라에서 배운 학문과 제도를 하루 속히 고국을 위해 활용하고 싶었거든. 하지만 아베노 나카마로는 당나라에 계속 머물렀어. 최치원처럼 빈공과에 합격해서 당나라 황제의 신임을 받는 관리가 되었지.

일본으로 돌아온 기비노 마키비는 당나라에서 가져온 유학, 천문학, 음악, 군사학 등 여러 분야의 책을 일본에 전파했고, 그 공으로 높은 관리가 되었단다.

그로부터 또다시 20년이 흐른 후, 일본은 견당사를 파견했어. 기비노 마키비는 이번에는 일본의 사신으로 당나라에 왔어.

기비노 마키비는 사신의 임무를 마친 후 아베노 나카마로와 만났어. 20년 만의 재회였지. 이번에는 아베노 나카마로도 기비노 마키비와 함께 그리운 고향, 일본에 돌아가기로 결심하고는 귀국하는 견당사의 배에 올랐단다. 그런데 귀국하는 도중에 큰 사고가 일어났어. 기비노 마키비가 탄 배는 무사히 일본에 도착했지만, 아베노 나카마로가 탄 배는 그만 폭풍우를 만나고 말았던 거야.

일본에 도착한 기비노 마키비는 아베노 나카마로가 죽은 것이 틀림없다며 슬퍼했어. 그런데 얼마 후 또 다른 소식이 들려왔어. 아베노 나카마로가 죽지 않고 살아 있다는 거야. 어떻게 된 일일까?

아베노 나카마로가 탄 배는 폭풍우를 만나 표류해서 저 멀리 남쪽 인도차이나 반도까지 흘러갔던 거야. 아베노 나카마로는 그곳에서 겨우 목숨을 건져서 당나라의 수도 장안으로 되돌아왔어. 당나라 황제는 크게 기뻐하며 아베노 나카마로를 다시 관리로 임명했지. 결국 아베노 나카마로는 그리운 고향에 돌아가지 못한 채 당나라에서 생애를 마치고 말아.

당나라에서 이름을 떨친 통일 신라의 유학승

원효의 해골바가지 물 이야기 들어 본 적 있어? 원효가 의상과 함께 당나라로 가다가 어느 동굴에서 해골바가지에 담긴 물을 마신 후, '부처님은 마음에 있다'는 깨달음을 얻었다는 이야기 말이야. 그래서 원효는 당나라로 떠나는 의상과 작별 인사를 하고 통일 신라로 되돌아왔다지?

해골바가지 이야기가 실제로 있었던 일인지는 알 수 없어. 하지만 이 이야기를 통해 분명히 알 수 있는 것이 한 가지 있어. 학생뿐 아니라 승려도 당나라에 유학을 갔다는 거지.

신라의 승려들 중에는 당나라에서 유학을 한 사람이 무척 많았어. 이들을 유학승이라고 불러. 의상처럼 당나라로 유학을 갔다가 통일 신라로 돌아온 유학승도 있었지만, 당나라에 계속 남아서 죽을 때까지 불교를 연구한 사람도 있었어. 원측이라는 승려도 그런 사람이었지.

원측은 불교를 공부하기 위해 열다섯 살에 당나라로 건너갔고, 당나라의 유명한 승려 현장의 제자가 되었단다. 유명하다는 이 승려가 누구냐고? 손오공, 저팔계, 사오정이 삼장법사와 인도를 여행한 이야기 들어 보았지? 그 이야기를 소설로 엮은 책이 《서유기》인데 여기에 나오는 삼장법사가 바로 현장이야.

원측은 외국어에 능통한 사람이었어. 중국어와 인도의 산스크리트어 등 5개 언어를 할 줄 알았대. 뛰어난 어학 실력으로 수많은 인도 불경을 한문으로 번역했지. 어찌나 실력이 뛰어났던지 당나라 황제에게도 존경을 받을 정도였단다. 통일 신라의 왕이 원측을 돌려보내 달라고 했지만, 원측을 아꼈던 당나라 황제는 그 요청을 거절했다고 해.

흥교사 입구 모습과 원측탑
원측이 세상을 떠난 뒤, 중국 서안의 흥교사에 그의 사리를 모신 탑이 세워졌단다. 흥교사에는 3기의 탑이 있는데, 원측의 스승인 현장의 탑을 중심으로 왼쪽에 원측탑이 있지. 나머지 탑 하나는 오른쪽에 있는데, 현장의 다른 제자인 규기의 탑이야.

원측은 결국 통일 신라로 돌아오지 못했어. 하지만 당나라에 머물며 불교 발전을 위해 노력했어. 그래서 원측은 '통일 신라의 승려'에 머물지 않고 '세계인을 위한 승려'가 되었단다.

일본으로 건너가 불교를 전한 당나라 승려

일본 승려들도 신라 승려들 못지않게 당나라에 많이 갔어. 당나라에서 불교를 배우기도 하고 책을 사 가지고 오기도 했지. 하지만 일본은 이 정도로는 만족할 수 없었어. '당나라의 뛰어난 승려를 직접 모셔와 가르침을 받으면, 불교를 더욱 발전시킬 수 있지 않을까?' 이렇게 생각했지.

그래서 일본 조정은 견당사를 파견할 때 요에이라는 승려를 유학승으로 보냈어. 당나라의 뛰어난 승려를 모셔오는 임무를 주었지. 당나라에 도착한 요에이는 불교 공부를 하는 한편, 일본으로 모셔갈 승려를 찾아다녔단다.

그러던 어느 날, 요에이는 감진이라는 승려에 대한 소문을 들었어. 감진은 4만 명이 넘는 사람들에게 부처의 계율을 전했고, 사찰과 탑도 80여 곳에 세운 유명한 승려였지.

요에이는 감진을 만나 일본에 함께 가자고 요청했어. 감진은 한참을 망설였어. 배를 타고 일본에 가는 것도 위험했지만 한번 가면 당나라로 영영 돌아오지 못할 수도 있으니까. 하지만 요에이가 계속 간절하게 요청하자, 감진은 결국 일본에 가기로 결심했단다.

"좋소. 불교를 전하기 위해서라면 어디든 못 가겠소?"

당나라는 감진이 일본에 가는 걸 허락하지 않았어. 뛰어난 승려를 잃

 고 싶지 않았으니까. 그러나 감진은 요에이와의 약속을 어기고 싶지 않았단다.

 감진은 일본으로 가려고 다섯 번이나 시도했어. 무역선을 타고 몰래 빠져나가려 했지만 모두 실패했어. 풍랑을 만나 겨우 목숨을 건져 당나라로 되돌아오기도 하고, 배를 타려다가 관아에 체포되기도 했지. 심지어는 병이 들어 눈까지 멀었고, 자신을 데려가야 할 요에이마저 병으로 세상을 떠나고 말았어. 하지만 감진은 요에이와의 약속을 잊지 않았어.

결국 여섯 번째 시도 만에 일본에 도착할 수 있었단다.

　일본에 간 감진은 당나라의 불교를 널리 전파했어. 일본 승려들에게 계율을 전하고, 불교 학문을 전수해 주었지. 당나라의 의료 기술로 수많은 일본인 병자들을 고쳐 주고 가난한 백성들을 구제하는 사업도 벌였어. 감진은 당나라로 돌아가지 못하고 일본에서 세상을 떠났단다.

　세 나라의 문화 교류가 깊어진 건 중국 당나라 때부터야. 잠시 다녀가는 외교관뿐 아니라 오래 머물며 배우는 유학생과 유학승이 늘어났기 때문이지. 국적은 달랐지만 그들의 활동에는 국경이 따로 없었단다.

조선의 세자와 독일인 신부의 만남

　인조 임금이 조선의 왕이었을 때, 청나라가 조선을 침략했어. 병자호란이 일어난 거지. 힘이 약한 조선은 항복할 수밖에 없었어. 청나라는 조선 조정에 인질을 요구했고, 인조 임금은 소현 세자 등 여러 왕족들을 청나라에 보내야 했단다.
　청나라에 도착한 소현 세자는 아담 샬이라는 서양 사람을 알게 되었어. 아담 샬은 중국에 천주교를 전파하기 위해 독일에서 왔는데, 천문 지식에 밝아 천문 관측을 담당하는 흠천감에서 일하고 있었어. 두 사람은 북경의 천주당에서 자주 만났단다.
　소현 세자는 처음에는 이 파란 눈의 외국인이 낯설었지만, 그가 들려주는 천주교 이야기며 천문을 비롯한 서양 과학에 관한 이야기를 들으며 점차 푹 빠져들었단다. 아담 샬도 소현 세자와 만나 조선이라는 나라에 대해 처음 알게 되었어. 특히 소현 세자를 통해 조선에 천주교를 전파할 수 있겠다는 생각도 하게 되었지.
　얼마 후 소현 세자가 조선으로 돌아가게 되자, 아담 샬은 작별 선물로 천주상, 천문에 관한 책, 지구의 등을 보내 주었어. 소현 세자는 크게 기뻐하며 아담 샬에게 편지를 썼어.
　"보내 주신 선물 감사합니다. 조선에도 널리 알리겠습니다."
　소현 세자는 청나라에 인질로 간 지 9년 만에 조선으로 돌아왔어. 하지만 안타깝게도 돌아온 지 2개월 만에 죽고 만단다. 소현 세자가 가져온 아담 샬의 선물들이 조선에 어떤 영향을 끼쳤는지는 잘 알 수 없어. 하지만 유학생이 아닌 인질의 신분이면서도 서양의 새로운 학문을 공부하고 새로운 문물을 전하려 했던 소현 세자의 노력만큼은 무척 가치 있는 일이었다는 생각이 드는구나.

신법지평일구와 그 탁본
선교사인 아담 샬과 야곱 로의 도움으로 중국에서 제작된 서양식 평면 해시계야. 소현 세자가 조선으로 돌아오면서 가져왔다고 알려졌지. 보기엔 그냥 돌덩어리 같지만 종이에 탁본 뜬 것을 보면 장구 모양으로 새겨진 선들이 보여. 세로선은 시각을, 가로선은 절기를 나타낸단다.

국적을 바꾼 사람들 5

사람들 가운데는 자기가 살던 나라를 떠나 다른 나라로 가서 사는 사람도 있어. 더 잘 살기 위해 떠나기도 하고, 살던 나라에서 더는 살 수가 없어 어쩔 수 없이 떠나기도 하지.

그렇게 새로운 나라에 자리를 잡은 사람들 중에는 아예 그 나라 사람이 되어 사는 사람도 있어. 공식적으로 그 나라의 구성원으로 인정받은 거지. 그런 사람들을 '귀화인'이라고 한단다.

옛날 세 나라에도 귀화인이 있었어. 고구려 사람과 백제 사람이 당나라 사람이 되기도 하고, 조선 사람이 일본 사람이 되기도 했지. 그와 반대로 중국 대륙이나 일본 열도에서 건너와 고려 사람이 되거나 조선 사람이 되기도 했단다.

그중에는 세 나라의 역사책에 이름을 남긴 사람들도 있어. 지금부터 그런 귀화인들의 이야기를 들려줄게.

당나라 백성이 된 고구려와 백제 사람들

역사책에서 안시성 전투 이야기를 읽어 본 적이 있어? 고구려와 당나라 사이에 벌어진 전투 말이야. 이 전투에서 안시성 성주 양만춘이 당나라의 공격을 막아 승리를 거두었지.

하지만 이 이야기의 뒤에는 우리가 잘 몰랐던 사실도 하나 있어. 당나라 군대가 철수하는 길에 그동안 사로잡은 고구려 군사와 백성을 포로로 데려갔다는 사실 말이야.

안시성 전투가 끝나고 20여 년이 흐른 후, 고구려는 신라와 당나라 연합군의 공격을 받아 멸망하고 말아. 그런데 그때는 훨씬 많은 고구려 사람들이 포로로 잡혀 당나라로 끌려갔단다.

고구려보다 먼저 멸망한 백제 사람들도 마찬가지야. 의자왕 알지? 신라와 당나라 연합군이 쳐들어오자 삼천궁녀와 함께 낙화암에서 몸을 던졌다는 이야기로 유명하잖아. 하지만 이건 사실이 아니야. 의자왕은 그때 죽지 않았어. 백제의 다른 왕족, 귀족, 백성 1만여 명과 함께 의자왕도 당나라의 수도 장안으로 끌려갔단다.

그럼, 당나라로 끌려간 사람들은 어떻게 되었을까? 죽은 사람도 있고, 노예가 된 사람도 있었겠지. 하지만 모두가 그렇게 된 건 아니야.

당나라는 다른 나라의 문화를 포용하는 개방적인 나라였어. 외국에서 온 사람들도 기꺼이 백성으로 받아들였지. 전투에 능한 사람은 군대에 입대시키고 그중에서도 뛰어난 사람은 장군으로 삼았어. 장사를 잘하는 상인에게는 마음껏 장사를 할 수 있도록 해 주었고, 뛰어난 지식인에게는 당나라의 과거에 합격해 관리가 될 수 있는 길도 열어 주었지. 고구

려와 백제 사람들 중에도 당나라의 백성으로 인정받고 살아가는 사람들이 많았단다.

그중에는 너희도 한 번쯤은 들어 본 사람이 있어. 바로 고선지와 흑치상지야.

고선지, 하면 제지술 전파에 관한 이야기가 가장 먼저 떠올라. 고선지가 이끄는 당나라 군대가 탈라스 전투에서 이슬람 군대에게 패했는데, 이때 포로로 잡혀갔던 당나라 병사를 통해 제지술이 이슬람 세계에 알려지게 되었지.

사실 고선지는 고구려 출신의 당나라 귀화인이야. 고구려가 멸망한 후 아버지가 당나라로 귀화해서 당나라 사람이 되었지. 고선지는 능력을 인정받아 겨우 스무 살의 나이에 당나라의 장군이 되었어. 서쪽으로 중앙아시아 여러 지역을 정복하여 이름을 크게 떨쳤지. 탈라스 전투에서 한 차례 패한 것이 흠이었지만, 그 후에도 계속 장군으로 활동하며 당나라의 영토를 중앙아시아로 넓히는 데 크게 기여했단다.

이번엔 백제 출신의 당나라 귀화인 흑치상지에 대해 살펴볼까? 흑치상지는 원래 백제의 장군이었어. 7척이 넘는 큰 키에 용감하고 지략이 뛰어났지. 백제가 멸망하자 흑치상지는 백제를 다시 일으키기 위해 발 벗고 나섰지만 실패하고 말아. 그래서 당나라에 항복하고 당나라의 장군이 되었지.

흑치상지는 돌궐과의 전투에서 승리하여 큰 공을 세웠어. 당시 돌궐은 당나라 북쪽에 자리한 유목 민족이었는데, 당나라 전체를 뒤흔들 만큼 위협적인 존재였어. 그런 돌궐을 흑치상지가 격파한 거야. 흑치상지는 자신을 시기하는 이들에게 모함을 당해 죽고 말았지만, 이후 중국 사람들에게 당나라의 역사를 빛낸 영웅으로 평가받고 있단다.

고려에 과거 제도를 전한 중국인

한국에서 중국으로 귀화한 사람이 있는 것처럼, 중국에서 한국으로 귀화한 사람도 있었어. 특히 고려 시대에는 중국에서 온 사람이 많았단다.

당나라가 멸망한 후 중국 대륙은 오대십국 시대를 맞이했어. 이 때 수많은 사람들이 중국 대륙의 혼란을 피해 고려로 왔어. 당시 귀화인이 모두 17만 명이나 되었다는구나. 귀화인 중에는 중국 대륙에서 가장 많은 민족인 한족뿐 아니라 여진족, 거란족 같은 북방 유목민도 있었대.

고려도 당나라 못지않게 무척 개방적인 나라였어. 고려는 귀화인 중에서 유능한 사람을 뽑아 관리로 삼았는데, 주로 외교 업무를 맡겼단다. 중

오대십국 시대
북쪽에서는 다섯 왕조가 들어섰다가 망하기를 되풀이하고, 남쪽에서는 열 개 나라가 나란히 존재하던 혼란한 시대.

국어, 여진어, 거란어를 잘할 뿐 아니라 그 나라 사정에도 밝았으니까.

고려로 귀화한 사람들 중에 '쌍기'라는 사람이 있었어. 쌍기는 오대십국 시대의 다섯 왕조 가운데 하나인 '후주'라는 나라의 관리였어. 후주 황제의 명령으로 고려에 사신으로 왔지. 고려의 광종 임금은 쌍기가 뛰어난 인재라는 걸 알고 한눈에 반했어. 그래서 후주 황제의 허락을 받아 쌍기를 고려로 귀화시켰단다. 물론 높은 벼슬도 내리고 말이야.

쌍기가 고려에 와서 한 일 중에서 우리가 꼭 기억해야 할 업적이 하나 있어. 중국의 과거 제도를 고려에 소개한 사실이지. 광종 임금은 귀족 세력을 약화시키고 왕권을 강화하기 위해 쌍기의 제안을 받아들여 과거 제도를 도입했단다.

쌍기는 처음 세 번의 과거가 치러지는 동안 과거 시험관으로 일하기도 했어. 쌍기가 시험관으로 일하는 동안 많은 인재가 관리로 선발되었지. 그중에는 거란이 고려를 침입했을 때 활약한 사람도 있어. 담판으로 거란을 물리친 서희가 바로 그 사람이야. 쌍기가 소개한 과거 제도 덕분에 좋은 인재를 선발했고, 그래서 나라의 큰 위기를 극복할 수 있었던 거지.

〈소과응시도〉
고려 시대에 들어온 과거 제도는 조선 시대까지 쭉 이어졌어. 이 그림은 문과 시험 중에서도 처음에 치르는 '소과'를 보는 선비들의 모습을 담았지.

일본 사람이 된 조선 기술자들

1592년 4월 일본의 도요토미 히데요시는 20만 대군을 일으켜 조선을 침략했단다. 임진왜란이 시작된 거지. 당시 조선은 건국 후 200년 동안 평화로운 시절을 보내고 있었어. 반대로 일본군은 100년이 넘는 내전으로 단련되어 전투력이 무척 뛰어났지. 서양에서 전래된 조총이라는 신무기도 갖추고 있었고 말이야.

부산에 도착한 일본군은 북쪽으로 진격하여 수도 한성을 지나 평양까지 점령했어. 그 사이 조선의 선조 임금은 피난을 가야만 했지. 하지만 조선 수군과 의병이 일본군에게 승리를 거두기 시작하고 명나라의 구원병까지 힘을 보태자, 일본군은 더 이상 진격하지 못하고 물러나고 말아.

1597년 일본군은 다시 조선을 침략했지만, 이번에는 사정이 달랐어. 조선의 거센 저항으로 한반도 남해안에서 더이상 나아가지 못했지. 일본은 전쟁 상황이 불리해지자, 관심을 다른 곳으로 돌렸어. 그건 조선의 문화재를 약탈하고 조선의 기술자를 포로로 잡아 오는 일이었단다.

일본은 책, 자기, 공예품, 목판 활자본 같은 조선의 귀중한 문화재를 약탈했어. 각 분야의 전문가와 기술자도 마구 포로로 잡아들였지. 그중에는 유학자도 있었고, 도공이나 공예 기술자, 활자공도 있었어. 물론 일본 영주들의 노예로 삼기 위해 사로잡은 일반 농민들도 많았고 말이야. 임진왜란 때 일본에 끌려간 포로가 무려 10만 명 가까이 되었다는구나.

일본으로 끌려간 조선 사람들은 포로로서 비참한 생활을 해야 했어. 하지만 조선 유학자를 스승으로 삼고 싶어 하는 일본 지식인, 조선 자기를 좋아하는 일본 영주, 활자를 이용해서 책을 만들고 싶어 하는 관리

조총
화약을 사용하는 총을 가리키던 말.

국적을 바꾼 사람들 | 57

들은 조선 사람들을 잘 대우해 주기도 했단다.

그중에는 고국으로 돌아온 사람도 있었지만 조선으로 돌아오지 못하고 일본에 남은 사람도 많았어. 그렇게 남은 조선 사람들은 대대로 일본에 머물면서 여러 분야에서 활약하게 된단다.

―――

귀화인은 세 나라의 교류에 크게 기여했어. 뛰어난 장군이 되어 그 나라 역사에 이름을 떨치기도 하고, 자신의 전문 분야를 살려 학문, 제도, 기술을 전해 주는 역할도 했단다.

조선 사람이 된 일본 무사

임진왜란 때 일본으로 귀화한 조선 사람이 많았다고 했지? 그럼, 혹시 조선으로 귀화한 일본 사람도 있었을까? 당시 조선에 온 일본군 중에는 조선에 항복한 사람이 1만 명이나 되었어. 이런 사람들을 '항복한 일본군'이라는 뜻으로 '항왜'라고 불러.

항왜는 일본군에 대항해서 싸우기도 했어. 자기들끼리 부대를 만들거나 조선 부대에 소속되어 일본군과 싸웠지. 그중에는 이순신의 수군에 속해 명량해전 때 일본의 수군과 맞서 싸운 사람도 있다는구나. 선조 임금은 전쟁이 끝난 후 항왜 장수들에게도 상을 내렸어. 조선의 이름도 주고 땅도 주었지.

사야가라는 사람도 그중 한 사람이야. 사야가도 원래는 임진왜란 때 군대를 이끌고 조선에 온 일본 장수였어. 하지만 사야가는 올 때부터 이미 조선과 싸울 생각이 없었어. 그래서 조선의 어느 장수에게 편지를 보냈지.

"조선의 백성이 되어 원수를 갚게 해 주십시오."

사야가의 집안은 도요토미 히데요시와 대립하다가 피해를 많이 입었어. 그래서 조선의 백성이 되어 도요토미 히데요시의 일본군과 맞서 싸우고 싶었던 거야.

그렇게 조선군이 된 사야가는 앞장서서 일본군과 맞서 싸웠어. 일본에서 익힌 조총 제작 기술을 조선군에 전해 주기도 했지. 이 사실은 사야가가 이순신에게 보낸 편지를 통해 알 수 있어.

"조총을 만드는 방법은 정부의 공문에 따라 이미 각 부대에서 가르치고 있습니다. 바라건대 조총을 대량으로 생산하여 적을 물리칠 수 있기를 바랍니다."

사야가는 임진왜란 때 세운 공으로 큰 상을 받았어. '김충선'이라는 조선 이름도 받고 '사성 김해 김씨'의 시조가 되었지. 지금도 김충선의 후손들이 우리나라에 살고 있단다.

조총
김충선은 임진왜란 외에도 정유재란, 이괄의 난, 병자호란 때에도 활약하여 공을 세우고 정2품의 자리까지 올랐어. 그리고 《모하당문집》이라는 문집을 남겼는데 이순신 장군과 조총에 대해 대화를 나눈 내용도 있다고 해.

다른 나라에 세운 마을 6

자장면 좋아하지? 자장면은 우리나라 사람들이 남녀노소 할 것 없이 가장 즐겨 먹는 중국음식이야. 그럼, 중국음식 자장면은 어떻게 한국에 들어와 우리의 입맛을 사로잡게 된 걸까?

1876년 조선은 강화도 조약으로 개항을 했어. 항구를 열어 다른 나라의 배가 자유롭게 드나들 수 있게 한 거지. 그러자 많은 외국 사람들이 조선에 들어왔는데, 특히 인천에는 조선과 가까운 청나라에서 온 사람들이 많았어. 그렇게 해서 탄생한 것이 차이나타운이야.

청나라 사람들 중에는 장사를 하러 온 상인도 있었고, 힘을 써서 일하는 노동자도 있었어. 그들은 간단히 끼니를 때우려고 국수에 자장을 넣어 비벼 먹기 시작했어. 이렇게 시작된 자장면은 곧 조선 사람들의 입맛에 맞게 바뀌어 널리 퍼졌단다.

자장면이 우리나라에 본격적으로 전해진 건 인천의 차이나타운을 통해서야. 인천의 차이나타운은 청나라 사람들이 모여 살던 마을이었지만, 청나라와 조선 사람들이 서로의 문화를 이해하고 교류하는 장소이기도 했어.

하지만 인천의 차이나타운과 같은 외국인 마을이 이때 처음 생긴 건 아니야. 당나라에는 신라 사람들의 마을이 있었고, 조선에는 일본 사람들의 마을이 있었어. 일본에는 명나라 사람들의 마을이 있었지. 이런 외국인 마을들은 세 나라 교류의 역사에서 어떤 역할을 했을까?

당나라의 신라인 마을, 신라방

통일 신라 때 수많은 신라 상인들이 당나라로 건너갔어. 당나라 황제를 만나러 가는 사절단을 따라가서는 당나라 상인과 만나 무역을 했지. 신라 상인들은 당나라의 값진 비단이나 금속 공예품을 구입해서 신라의 귀족들에게 팔곤 했단다.

당나라와 통일 신라 사이에 무역이 활발해지자, 신라 상인들 중에는 귀국하지 않고 아예 당나라에 눌러앉는 사람도 생겨났어. 신라 상인들은 당나라의 도시에 자기들만의 마을을 만들었는

적산법화원에 세워진 장보고의 동상
신라방에 세운 사찰은 '신라원'이라고 하는데, 적산법화원은 유명한 신라원이었어. 해상왕 장보고가 세워 법회뿐만 아니라 당나라와 신라의 연락을 담당하는 역할도 했단다. 1992년에 한국과 중국이 수교를 맺은 후 여기에 장보고 기념관과 동상을 세웠어.

데, 이걸 '신라방'이라고 해. 당나라는 신라방을 인정해 주었고, 신라 사람에게 관직을 주어 신라방을 관리하게 했단다.

신라방은 당나라 곳곳에 생겨났어. 주로 상업과 교통의 중심지에 많았지. 신라방의 주민이 주로 상인이었으니 당연히 그랬겠지? 대표적인 곳이 적산촌, 초주, 양주였어. 지도를 보며 자세히 살펴볼까?

적산촌은 산동 반도의 끝자락에 위치한 마을이었어. 앞에서 한반도 서해안에서 산동 반도로 이어지는 해로에 대해 설명한 거 기억나지? 적산촌은 당나라 북부와 통일 신라를 오가는 사람들이 반드시 거치는 곳이었어. 그래서 적산촌에 신라방이 생겨난 거야.

적산촌에는 신라 사람들이 주로 다니는 절도 있었어. '적산법화원'이라는 절인데, 이곳에서는 법회를 할 때 신라말을 사용했고 신라의 관습을 따랐단다. 그래서 많을 때는 200명이 넘는 신라 사람이 법회에 참석했다는구나. 적산법화원의 규모가 그 정도였으니, 적산촌의 신라방이 얼마나 컸는지 짐작이 가지?

적산촌에서 남쪽으로 쭉 내려가다 보면, 초주라는 곳이 있어. 초주는 남북으로 대운하가 흐르고, 동서로 회하가 흐르는 교통의 요지야. 초주에서는 물자가 풍부한 남쪽으로 갈 수도 있었고, 당나라의 수도 장안으로 가기에도 편리했어. 황해를 통해 당나라의 물자를 통일 신라와 일본으로 실어갈 수도 있었지. 그래서 이곳에도 신라방이 있었단다.

초주에서 남쪽으로 더 내려가면 양주라는 곳이 있어. 양주에는 무슬림 상인들이 많았어. 무슬림 상인들은 바닷길로 서아시아와 중국 동남부 해안을 오가면서 무역을 했는데, 무슬림 상인들의 종착점이 바로 양

법회
불교의 본뜻을 풀어 전달하는 자리.

무슬림
이슬람교를 믿는 사람을 가리키는 말로 서아시아, 아프리카, 동남아시아 등지에 주로 분포.

다른 나라에 세운 마을

서아시아와 신라의 교역품
경주 황남대총에서 나온 유리그릇들이야. 지중해나 서아시아 지역의 것과 모양이나 제작 기법 등이 비슷해. 비단길이나 바닷길을 통한 교역으로 들어온 물건들이라는 걸 짐작할 수 있지.

주였단다. 그래서 신라 상인들은 양주에서 무슬림 상인들의 물품을 사서 통일 신라나 일본에 가서 팔았어.

이처럼 신라방은 당나라뿐 아니라 서아시아의 물품을 통일 신라, 일본 등으로 보내는 무역의 중심지 역할을 했단다.

조선 시대 삼포의 일본인 마을

당나라에 신라방이 있었던 것처럼, 조선에는 일본 사람들의 마을이 있었어. 조선의 일본인 마을은 어떻게 생겨났을까?

당시 일본 상인들 중에는 조선과 교역을 하고 싶어 하는 사람이 많았어. 특히 쓰시마 사람이 많았지. 쓰시마는 한반도와 일본 열도 사이에 있는 섬인데, 전체 면적의 97퍼센트가 산이라 농사지을 땅이 부족했어. 그래서 쓰시마 사람들은 바다 밖으로 나가 생계를 꾸려야 했단다. 그중에는 교역을 하기 위해 조선에 오는 상인도 많았어.

조선 조정은 일본 사람들이 마음대로 조선을 드나들면 나라의 안정을 해칠 수도 있다고 생각했어. 그래서 부산포, 내이포, 염포 세 곳을 개항하여 이곳에서만 교역을 할 수 있도록 했지. 이곳을 '삼포'라고 부른단다.

삼포에는 각각 왜관이 설치되어 있었어. 왜관은 일본에서 건너온 사절단을 맞거나 교역 물품을 정리하는 곳이었지. 조선 조정은 일본 상인들에게 교역을 할 때만 잠시 머물 수 있도록 허락했어.

하지만 일본 상인들은 여러 가지 이유를 대며 삼포를 떠나지 않았어. 거래가 원하는 날짜에 되지 않았다, 날씨가 좋지 않아 배를 띄울 수 없다, 배를 수리해야 한다 등등 갖은 핑계를 다 댔지. 어떤 사람은 쓰시마에 돌아가도 먹고살 길이 막막하다며 아예 삼포에 눌러앉기도 했어. 이렇게 해서 삼포에 집을 지어 정착하는 사람이 점점 늘어나더니 작은 마을이 생겨났단다.

왜관 주위에는 일본 사람들의 집이 가득 들어찼고, 그 사이사이에는 일본 사람들이 운영하는 가게와 음식점도 생겨났어. 그래서 삼포는 개항한 지 100년도 채 안 되어 일본 사람의 수가 3000명이 넘어섰단다.

삼포에 사는 일본 상인들은 주로 조선과 일본 사이의 무역에 종사했어. 조선에서 면포(무명), 비단, 인삼, 호랑이와 표범의 가죽 등을 사서 일본에 팔았지. 특히 조선의 면포는 따뜻하고 감촉이 좋아서 일본에서 인기가 높았단다. 그리고 명나라의 비단을 조선 상인들로부터 구입해서 일본에 팔기도 했지.

일본의 물자를 조선에 팔기도 했는데, 조선에서 가장 인기가 높았던

〈왜관도〉
부산포 초량왜관의 모습을 담은 그림이야. 초량왜관에는 조선의 관리도 머물렀지만, 주로 일본인이 머물러 근무했지. 매년 50척 정도의 무역선이 이곳을 오갔다고 해.

건 구리였어. 당시 조선은 놋쇠그릇, 동전, 금속 활자를 만드는 데 구리가 많이 필요했거든. 특히 국방을 강화하기 위해 새로운 무기를 많이 만들었는데, 이때에도 구리가 많이 필요했단다.

그런데 일본 상인들이 삼포에 정착하여 큰돈을 벌자, 여러 가지 문제가 생겨나기 시작했어. 일본 상인들은 자신들이 번 돈을 조선 사람들에게 빌려 주고는 그걸 갚지 못하면 토지를 빼앗았어. 또 같은 일본 사람끼리도 이익을 다투다가 소란을 일으키곤 했단다.

결국 조선 조정은 삼포에서 발생하는 여러 문제를 해결하기 위해 일본 사람들에게 귀국 명령을 내리고 무역량을 줄였어. 그러자 여기에 불만을 품은 일본 사람들이 들고일어나 조선 사람 272명을 죽이고 8900여 채의 집을 불태우는 사건이 일어났어. 이 사건을 '삼포왜란'이라고 해. 그런 일이 있은 뒤, 조선은 삼포를 모두 폐쇄해 버렸어. 삼포의 일본인 마을은 이렇게 100년도 채 안 되어 사라지고 말았지.

일본 나가사키의 중국인 마을

일본 열도 곳곳에는 '당인촌'이라는 명나라 상인들의 마을이 있었어. 마치 당나라에 있던 신라방이나 조선에 있던 삼포의 일본인 마을처럼 말이야. 그럼, 일본의 당인촌은 어떻게 생겨났을까?

명나라는 물자가 풍부한 나라였어. 아시아의 여러 나라 상인들은 명나라와 교역을 하기를 원했지. 하지만 명나라 조정은 외국 상인이 명나라에 와서 무역을 하는 걸 막았어. 명나라 상인들이 바다 밖으로 나가서 외국 상인과 교역하는 것도 금지했지.

그러자 명나라 상인 중에는 감시를 피해 몰래 무역을 하는 사람이 늘어났어. 이들은 일본이나 동남아시아로 직접 나아가서 무역을 했는데, 특히 가까운 일본으로 가는 상인이 많았지. 일본에 간 명나라 상인들은 점차 집을 짓고 마을을 이루기 시작했어. 일본 곳곳의 항구 도시에 명나라 사람들만의 마을, 즉 당인촌을 만들었던 거야.

일본에 온 명나라 사람들에 대해서는 일본을 방문한 조선 통신사의 기록을 통해서도 알 수 있어. 한번은 조선 통신사 일행이 일본의 어느 지역에 머물고 있을 때, 명나라 사람이 찾아와 이렇게 말했어.

"저는 명나라 사람입니다. 50여 명이 배를 타고 이곳에 왔는데, 30여 명은 중국으로 돌아가고, 나머지 우리들은 이곳에 머물고 있습니다. 이곳 생활은 안정되고 편안합니다. 일본 사람들은 우리가 사는 마을을 당인촌이라고 부릅니다."

당인촌이 생기고 100여 년이 흘렀을 무렵, 일본은 일본 상인과 외국 상인이 바다를 통해 교역하는 걸 규제했어. 하지만 완전히 금지한 건 아

나가사키 차이나타운의 오늘날 모습
나가사키의 당인촌은 오늘날 차이나타운으로 남아 있어. 인천의 차이나타운처럼 말이야. 하얀 국물의 나가사키 짬뽕이 바로 이곳에서 탄생했단다.

니고, 나가사키라는 도시 한 곳을 정해 그곳에서만 무역을 할 수 있게 했단다. 그러자 여러 지역의 당인촌에 살던 중국 사람들이 나가사키로 몰려들었어.

나가사키의 당인촌은 두 나라의 교역 창구 역할을 했어. 이곳을 통해 중국의 면포나 비단이 일본으로 흘러들었고, 일본의 금, 은, 구리가 중국으로 빠져나갔지.

나가사키의 당인촌은 두 나라의 문화 교류에도 큰 영향을 끼쳤어. 앞에서 인천의 차이나타운을 통해 들어온 자장면에 대해 이야기했지? 나가사키 당인촌을 통해 들어온 중국 음식도 있었는데, 그중에서 가장 유명한 것이 바로 짬뽕이란다.

세 나라 사람들은 좀 더 활발한 무역을 위해 안정된 근거지가 필요했어. 그래서 이웃 나라에 자기들만의 마을을 만들었지. 신라방, 삼포, 당인촌, 그리고 최근의 차이나타운까지, 외국인 마을은 서로 다른 나라 사람들이 자연스럽게 만나 교류하는 중요한 장소가 되었지.

당나라에서 만난 일본 승려와 신라 사람들

일본의 승려 중에 '엔닌'이라는 사람이 있어. 엔닌은 중국의 선진 불교를 배우기 위해서 견당사의 배를 타고 당나라로 건너갔어. 당나라에서 9년 동안 머물며 불교 성지도 순례하고 불경도 공부한 후 무사히 일본으로 돌아와 일본 불교의 발전에 크게 기여했단다.

엔닌은 당나라에 머무는 동안 많은 사람들의 도움을 받았는데, 특히 신라방 사람들의 도움이 가장 컸어.

당나라에 도착한 엔닌은 가장 먼저 불교 성지를 순례하기로 계획했어. 하지만 당나라가 허가를 해 주지 않았어. 그때 적산법화원에서 만난 통일 신라 친구의 도움으로 허가증을 받아 성지 순례를 할 수 있었단다.

성지 순례를 마친 엔닌은 장안의 어느 절에 머물며 불교 공부를 했어. 그런데 그 무렵 도교를 좋아한 당나라 황제가 불교를 탄압하기 시작했단다. 승려들에게서 신분을 빼앗고, 수많은 절과 불교 건축물을 파괴했지. 엔닌은 탄압을 피해 서둘러 일본으로 돌아가기로 결심했어. 하지만 당나라에서는 엔닌의 귀국을 허가하지 않았어.

이때 엔닌은 우연히 이원좌라는 사람을 만났어. 이원좌는 통일 신라 사람으로 당나라의 관리가 된 사람이야. 엔닌은 이원좌의 도움으로 귀국 허가를 받을 수 있었단다.

이제는 배를 타는 일만 남았어. 엔닌은 가장 먼저 초주로 갔어. 그런데 그곳 관리가 엔닌이 배를 타는 걸 허락하지 않는 거야. 이번에도 신라 사람들에게 기댈 수밖에 없었고, 엔닌은 걸어서 적산법화원에 겨우 도착했어.

그때 반가운 소식이 들려왔어. 황제가 바뀌어 불교 탄압이 끝났다는 소식이었지. 엔닌은 초주의 신라 친구 집에 잠시 맡겨 두었던 귀중한 불교 경전과 여러 그림들을 모두 무사히 되찾은 후, 귀국할 날만 기다렸어.

그러던 어느 날 양주의 한 통일 신라 상인이 편지 한 장을 들고 엔닌을 찾아왔어.

"일본에서 스님을 모시고 가기 위해 사람을 보냈다고 합니다."

엔닌은 당나라에 온 지 9년 만에 드디어 고국 일본으로 향하는 배를 탔어. 그 배는 신라 사람들이 만든 배였고, 배를 마련해 준 사람도 신라 사람이었지.

일본으로 귀국한 엔닌은 9년 동안 당나라에서 겪은 경험담을 모아 《입당구법순례행기》라는 여행기를 썼어. 이 여행기에는 엔닌이 어려움을 겪을 때마다 신라 사람들의 도움을 받았다는 내용이 적혀 있어. 우리는 엔닌의 기록 덕분에 자칫 잊힐 뻔했던 1200년 전 신라 사람들의 모습을 생생하게 그려볼 수 있게 되었단다. 엔닌은 이 책으로 신라 사람들에게 받은 은혜를 갚은 셈이 아닐까?

문화를 주고받다

세 나라는 오랜 시간 동안 다양한 문화를 함께 나누어 왔어. 그만큼 재미난 이야기도 많이 간직하고 있지만 우리가 모르고 있는 것들도 많지. 한국, 중국, 일본은 서로에게 배운 것을 바탕으로 새로운 문화를 만들어 나가기도 했어. 세 나라는 어떤 문화를 나누고, 어떻게 발전시켰을까?

이렇게 모양을 잡으면 된다네

공자를 만난 세 나라

1

우리는 어렸을 때부터 알게 모르게 공자의 가르침을 몸에 익히며 살아왔어.

"부모님께 효도해야 한다." "선생님을 존경해야 한다." "웃어른께 자리를 양보해야 한다."

공자는 너무 예절을 강조하는 것 같아 고리타분해서 싫을 때도 있어. 하지만 우리가 좋아하든 싫어하든, 우리가 알든 모르든, 공자의 가르침은 우리 마음속에 깊이 남아 있어.

일본도 우리나라와 비슷해. 일본 사람들도 우리처럼 기독교, 천주교, 불교를 믿기도 하고 일본 고유의 신을 믿기도 해. 하지만 마음속에 공자의 가르침을 많이 간직하며 살아가고 있단다.

중국의 공자가 했던 말들이 어떻게 중국 대륙을 뛰어넘어 한국과 일본에 전해졌을까? 어떻게 그 오랜 시간을 거쳐 지금까지도 세 나라 사람들의 삶에 영향을 끼치고 있는 걸까?

두 번 죽은 공자

공자는 2500여 년 전 중국에서 태어났어. 공자가 태어날 무렵에는 수많은 제후들이 땅을 차지한 채 경쟁하고 있었어. 왕이 있었지만 있으나 마나 한 존재였고, 제후들 사이의 싸움으로 중국은 하루도 편할 날이 없었단다.

그러자 다양한 생각을 가진 사상가들이 중국의 혼란을 극복할 방법을 이야기하기 시작했어.

그중에는 자연의 이치에 맞게 세상을 다스려야 한다고 말하는 도가 사상가도 있었고, 엄격한 법을 만들어 시행해야 한다고 주장하는 법가 사상가도 있었지.

공자도 그런 수많은 사상가들 가운데 한 사람이었어. 젊은 시절부터 세상을 바꾸겠다는 꿈을 꾸며 공부도 열심히 하고 제자들도 많이 길러 냈지. 그러다 보니 공자는 어느새 유명한 사람이 되었고, 어떤 제후의

제후
일정한 영토를 가지고 권력으로 다스리는 사람.

공묘 대성전과 공자상
공묘는 공자를 기리기 위해 지은 사당이야. 수많은 황제들이 이곳에서 공자에게 제사를 지냈지. 여러 번 재건되어 지금은 하나의 성처럼 보이는데, 유네스코 세계문화유산에도 등재되었어.

신하가 되었단다.

공자는 제후를 설득했어.

"전쟁이 없는 평화로운 세상을 만들려면, 사회 질서부터 바로 잡아야 합니다. 법보다는 예의와 도덕으로 사회를 안정시키소서."

하지만 제후는 예의와 도덕만으로는 나라를 잘 다스릴 수 없다고 생각했어.

"왕을 잘 받들어야 세상이 옛날처럼 편안해질 것입니다."

제후는 이 말도 마음에 들지 않았어. 자기가 직접 왕이 되고 싶었거든.

결국 공자는 자신의 꿈을 세상에 펼치지 못한 채 죽고 말아. 하지만 그 후 제자들이 공자가 했던 말을 담은 《논어》를 지어 공자의 가르침을 널리 퍼뜨렸어. 이걸 '유가 사상' 또는 '유학'이라고 해.

그러나 진나라의 시황제가 중국을 통일한 후 유가 사상은 탄압을 받았어. 시황제는 엄격한 법으로 나라를 다스려야 한다고 주장하는 법가 사상을 받아들여 중국을 통일했거든. 그래서 법보다 예의와 도덕을 강조하는 유가 사상을 싫어했지. 결국 시황제는 유가 사상이 담긴 책을 모조리 불태우고 유학자들을 산 채로 땅에 파묻기까지 했단다.

공자의 부활

유가 사상은 시황제의 탄압으로 거의 사라질 뻔했지만, 진나라가 망한 후에 등장한 한나라 때 되살아났어. 어떻게 그런 일이 가능했을까?

한나라가 건국되고 60여 년이 흐른 후, 한 무제가 황제가 되었어. 무제는 황제의 권위가 바로 서야 나라를 더욱 안정시킬 수 있다고 생각했어. 그러기 위해서는 시황제 때 사라졌던 유가 사상을 되살려야 한다고 생각했지. 무제는 왜 유가 사상을 다시 떠올렸을까?

유가 사상은 인간 윤리와 사회 질서를 중요하게 여기는 사상이야. 자식은 부모에게 효도해야 하고, 신하는 군주에게 충성해야 사회가 안정된다고 여겼지. 무제는 이 점이 마음에 들었어. 유가 사상을 되살리면, 자식이 부모에게 효도하듯, 신하가 군주에게 충성하듯, 백성들도 황제에게 복종하게 될 거라고 생각했던 거야.

한나라 조정은 국립 대학인 '태학'의 문 앞에 유가 경전을 새긴 큰 비석을 세워 놓았어. 그리고 유학을 열심히 공부한 사람들을 관리로 뽑겠다고 선언했지. 그러자 수많은 사람들이 비석에 새겨진 유가 경전을 떠내

거나 베끼기 위해 줄을 섰어. 이렇게 해서 유가 사상은 점차 한나라 전체로 퍼져 나갔단다.

**조선으로
건너가
종교가 되다**

유가 사상이 한국에 전해진 건 삼국 시대 때야. 하지만 당시 고구려, 백제, 신라의 대표 종교는 불교였어. 세 나라 모두 왕권을 강화하기 위해 불교를 발전시키고 있었지. 그래서 유가 사상은 그리 큰 힘을 낼 수 없었단다.

고려 시대가 되어서도 상황은 크게 달라지지 않았어. 유가 사상을 신봉하는 유학자들이 존재하긴 했지만, 여전히 불교가 더 우세했지. 그런데 고려 후기가 되면서 유가 사상이 다시 활기를 띠게 돼. 여기에는 안향이라는 유학자의 역할이 컸어.

안향은 열일곱 살에 과거에 급제해서 정부의 관리가 되었어. 마흔여섯 살이 되던 해에 세자를 수행하여 원나라에 갔지.

고려 후기는 몽골족이 세운 원나라의 간섭을 받던 때야. 고려 임금이나 세자는 자주 원나라 황제를 만나러 가야 했어. 그래서 그들을 수행하여 원나라를 오가는 관리들이 많았지. 안향도 그중 한 사람이었던 거야.

안향은 원나라에 가서 그곳 학자들과 만나 이야기를 나누었고, 주자학이라는 학문에 대해 알게 되었어.

주자학은 송나라의 유학자 주희가 기존의 유가 사상을 더욱 발전시켜 만든 새로운 유학이야. 안향은 원나라에 있는 동안 주자학 경전에 깊이 빠져들었고, 고려에도 주자학을 전파해야겠다고 마음먹었지. 그래서 주자학 경전을 옮겨 쓰고 공자와 주희의 초상화를 베껴 그려 고려에 가져왔단다.

고려에 돌아온 안향은 주자학을 연구하면서 제자들을 가르쳤어.

"주희는 공자에 버금가는 유학자다. 공자의 가르침을 깨우치려면 먼저 주희의 가르침을 배워야 한다. 여러분들은 주자학 경전 읽기를 게을리 해서는 안 될 것이다."

안향이 죽은 후에도 주자학은 제자들을 통해 계속 퍼져 나갔고, 침체되어 있던 고려의 유학이 활기를 띠기 시작했어. 유학자들은 점점 늘어나 커다란 정치 세력이 되었고, 결국 이성계가 고려를 멸망시키고 조선을 건국할 때도 중요한 역할을 하게 된단다.

조선의 유학자들은 숭유억불 정책을 주장했어. 유가 사상을 숭상하고 불교를 탄압하는 정책이었지. 고려 시대를 지배했던 불교는 쇠퇴하고 유가 사상이 통치 이념이 되었어.

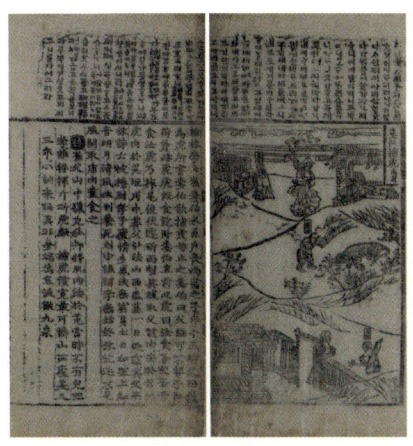
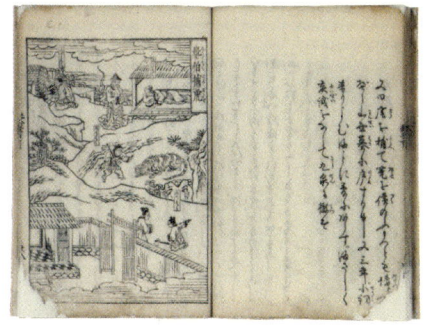

《삼강행실도》 언해본과 일본어 번각본
조선은 유가 사상을 널리 알리기 위해 충신과 효자, 열녀의 이야기를 모아 《삼강행실도》라는 책으로 펴냈어. 한글로도 풀이를 단 것이 '언해본'이고, 일본에 수출되어 나온 것이 '일본어 번각본'이야.

유학자들은 유가 사상을 모든 백성이 반드시 배우고 실천해야 하는 윤리로 만들었어.

과거를 보려는 사람들은 반드시 유학을 공부해야 했어. 조선의 국립 대학인 성균관은 유학자를 길러냈고, 그것으로도 모자라 공자를 신처럼 받들어 해마다 제사를 지냈지. 그래서 유가 사상은 종교처럼 발전하여 '유교'라고도 불리게 된단다.

**조선 유학자를
만난
일본 승려**

일본은 백제를 통해 처음으로 유학을 받아들였어. 앞에서 《천자문》을 일본에 전한 왕인에 대해 이야기했지? 공자의 가르침을 담은 《논어》를 일본에 전해 준 사람도 왕인이야. 그 후 유학의 다섯 경전에 능통한 백제의 오경박사가 경전을 전해 주고 유학을 가르쳤다고 해.

하지만 일본에서도 인기가 없기는 마찬가지였어. 우리나라의 삼국 시대나 고려 시대 때처럼 불교를 믿거나 고유의 종교를 믿는 사람이 많아 유가 사상이 끼어들 틈이 별로 없었지. 유가 사상이 일본 곳곳에 널리 퍼지게 된 건 임진왜란 이후의 일이야.

임진왜란 때 일본으로 끌려간 사람들 중에 유학자도 있었다고 했지? 그중에는 '강항'이라는 유학자도 있었어. 강항은 일본에서 포로 생활을 하며 조선으로 돌아갈 날만 손꼽아 기다렸단다.

그러던 어느 날 '후지와라 세이카'라는 일본 승려가 강항이 머무는 집으로 찾아왔어. 불교 승려가 유학자인 강항을 찾아온 이유는 무엇이었을까?

당시 일본 승려들은 불경을 주로 공부했지만, 불교를 더욱 깊이 이해하기 위해 다른 학문에도 관심을 많이 가졌단다. 후지와라 세이카는 다른 학문 중에서도 특히 유학에 관심이 많았어. 그래서 강항이 자기 집 근처에 머물고 있다는 소문을 듣고 직접 찾아갔던 거야.

후지와라 세이카가 온다는 소식을 들은 강항은 처음에는 이렇게 생각했어.

'조선에 돌아가려면 돈이 많이 필요해. 글이나 몇 줄 적어 주고 돈을

벌어야겠다.'

그런데 후지와라 세이카의 첫인상은 예사롭지 않았어. 그가 입고 온 옷은 승복이 아니었어. 유학자인 강항에게 예의를 갖추기 위해 승복까지 벗어던지고 온 거지. 강항은 후지와라 세이카에게 감동하여 유학을 제대로 가르쳐 주기로 결심했단다.

강항은 후지와라 세이카에게 유학에 대해 차근차근 가르쳐 주었어. 후지와라 세이카는 자기보다 여섯 살 적은 강항을 스승으로 모시고 열심히 배웠단다.

강항은 포로로 잡혀 오느라 가지고 온 유가 경전이 없었어. 그래서 자기가 외우고 있는 경전의 내용을 후지와라 세이카에게 들려주었지. 강항이 불러 준 경전은 21권이었는데, 모두 유학의 기본 경전들이었다

오오즈 시의 강항 현창비
일본으로 끌려간 강항이 머물렀던 지역에는 오늘날까지 강항을 기리는 비석이 세워져 있어.

는구나. 후지와라 세이카는 강항이 불러 준 내용을 한 글자도 빠짐없이 받아 적었어. 그리고 그걸 모두 책으로 엮어냈지.

강항이 조선으로 돌아간 후, 후지와라 세이카는 수도 에도에서 한 통의 편지를 받았어. 그 편지는 에도 **막부**의 1대 **쇼군** 도쿠가와 이에야스가 보낸 것이었어.

당시는 에도 막부라는 새로운 시대가 열린 지 얼마 안 되었을 무렵이야. 나라 전체가 여전히 혼란스러웠지. 도쿠가와 이에야스는 유가 사상으로 사회 질서를 바로잡고 싶었어. 그래서 유학에 정통한 걸로 소문이 난 후지와라 세이카에게 에도로 와 달라고 편지를 보냈던 거야.

막부
일본 특유의 정부 체제로 무인 중심의 정치를 펼쳤다.

쇼군
막부의 우두머리.

공자를 만난 세 나라 | 81

일본의 서당 데라코야
강항에게서 유학을 배운 후지와라 세이카는 서당을 만들어 유학을 가르쳤어.

후지와라 세이카는 승려의 지위를 버리고 유학자가 되었어. 그리고 도쿠가와 이에야스의 후원을 받아 전국에 유가 사상을 전파했어. 지방마다 서당을 만들어 학생들에게 유학을 가르쳤고 공자의 조각상을 보내 제사를 지내도록 했지. 후지와라 세이카의 노력으로 일본에 유가 사상이 널리 퍼지게 되었단다.

중국에서 태어난 유가 사상은 처음에는 사라질 위기를 겪었지만 한나라 무제를 거치면서 중국의 대표적인 사상이 되었어. 더 나아가 한국과 일본에 전파되어 오늘날까지도 세 나라 사람들의 삶에 영향을 끼치고 있단다.

만권당에서 이야기꽃을 피운 고려와 원나라의 학자들

몽골의 간섭을 받기 시작한 뒤에 고려 임금들이 원나라에 자주 갔다고 했지? 충선왕도 그중 한 명이야. 충선왕은 다른 임금과 달리 중국 학문에 무척 관심이 많았어. 그래서 원나라에 갈 때마다 황제를 만난 후에는 항상 원나라 학자들과 어울리곤 했단다.

충선왕이 원나라의 수도 대도에 '만권당'이라는 도서관을 지은 것도 그런 이유 때문이었어. 만권당은 '수많은 책이 있는 집'이라는 뜻이야. 만권당이 들어섰다는 소문이 퍼지자, 수많은 원나라 학자들이 만권당을 찾아왔어. 자신에게 없는 책을 보기 위해서 말이야. 충선왕은 이 기회를 놓치지 않고 그들과 자주 이야기를 나누었어. 유학에 대해 토론하기도 하고 시를 읊기도 했지. 충선왕은 때로는 고려의 뛰어난 학자들도 불러 원나라 학자들과 함께 이야기를 나누곤 했단다.

하루는 원나라와 고려의 학자들이 모인 만권당에서 충선왕이 자신의 솜씨를 뽐내고 싶었던지 이렇게 시 한 구절을 읊었어.

"닭 울음이 마치 버드나무 같네."

그러자 원나라 학자들이 물었어.

"그게 무슨 뜻인지 선뜻 이해가 되지 않사옵니다."

하지만 충선왕은 자기가 읊어 놓고도 우물우물 대답을 하지 못했어. 그 구절을 어느 책에서 보았는지 기억이 나지 않았기 때문이야. 이때 고려의 학자 이제현이 대신 나서서 말했어.

"닭의 울음은 가늘게 오랫동안 이어지기 때문에, 가지가 가늘고 긴 버드나무에 비유한 것입니다."

그러자 원나라 학자들은 모두 놀라 이제현을 침이 마르도록 칭찬했다고 해.

대장경에 숨은 이야기 2

《팔만대장경》은 한국의 자랑스러운 문화유산이야. 유네스코 세계기록유산에 이름을 올릴 정도로 세계적으로도 인정받는 문화유산이지. 《팔만대장경》은 책이 아니라, 책을 찍어 내기 위해 새긴 목판의 형태로 되어 있어. 경상남도 합천 해인사에 보관되어 있단다.

　《팔만대장경》의 원래 이름은 '재조대장경'이야. '다시 만든 대장경'이라는 뜻이지. 이 《재조대장경》 판의 수가 모두 8만 장이 넘기 때문에 흔히들 《팔만대장경》이라고 부르는 거야. 《팔만대장경》은 몽골군의 침입을 부처님의 힘으로 막아 내기 위해 만든 거라고 해. 만드는 데 16년이나 걸렸고, 8만 장이 넘는 목판에 모두 5200만 정도의 글자를 새겼다는구나.

　그런데 《팔만대장경》이 '다시 만든 대장경'이라면, 처음 만든 대장경이 아니라는 뜻이 되지? 《팔만대장경》 이전에도 대장경이 있었어. 처음 새긴 대장경이라는 뜻으로 '초조대장경'이라고 했는데, 몽골군이 침략했을 때 불에 타서 지금은 남아 있지 않지.

　《팔만대장경》은 《초조대장경》을 만든 기술을 바탕으로 만든 거야. 하지만 온전히 우리의 힘으로만 만든 것은 아니야. 그리고 우리나라의 불교에만 영향을 끼친 문화유산도 아니고 말이야.

《초조대장경》의 탄생

불교는 석가모니 부처의 가르침을 따르는 종교야. 석가모니가 태어난 인도 북부 지방에서 탄생했지. 불교가 중국에 전해진 건 한나라 때의 일이야. 이후 불교는 위진남북조 시대부터 발전하기 시작했어. 우리나라에 불교가 전해진 건 삼국 시대 때야.

불교에도 기독교의 성경처럼 경전이 있어. 부처의 가르침을 적어 놓은 경전을 불교 경전, 즉 불경이라고 해. 불경은 처음에는 입에서 입으로 퍼져 나갔어. 하지만 입으로만 전하면 내용이 사라질 수도 있고 바뀔 수도 있잖아? 그래서 사람들은 부처의 가르침을 글로 옮겨 적기 시작했단다.

하지만 일일이 옮겨 적으려니 시간이 너무 많이 걸렸어. 그래서 목판에 새긴 후 종이에 인쇄를 하기 시작했지. 목판에 새기는 건 글로 적는 것보다 훨씬 힘들었을 거야. 하지만 한 번 새겨 놓으면 원하는 만큼 여러 번 찍어 낼 수 있었기 때문에 더 많은 사람들에게 불교를 알릴 수 있었지.

중국은 목판 인쇄술을 가장 먼저 개발한 나라야. 당나라 때부터 목판 인쇄를 하기 시작했지. 목판 인쇄술 발달에 가장 크게 기여한 건 불교 승려들이었어. 당나라 승려들은 부처의 가르침을 목판에 새기고 인쇄를 해서 다양한 불경을 만들었단다.

불경의 인쇄가 급속하게 증가한 건 송나라 때의 일이야. 송나라 승려들은 전국에 있는 불경을 모두 모은 후, 마치 백과사전을 만들 듯 순서를 정해서 하나로 묶었어. 그리고 수많은 목판에 경전의 내용을 전부 새

위진남북조 시대
한나라가 멸망한 후 수나라가 중국을 통일하기 전까지의 시대로 우리나라의 삼국 시대에 해당된다. 여러 나라가 우르르 일어났다 멸망하면서 정치적, 경제적, 사회적으로 혼란스러웠으나 문화적으로는 크게 발전한 시대이다.

합천 해인사의 장경판전
《팔만대장경》이 보관되어 있는 장경판전의 모습이야. 두 채의 건물에 《팔만대장경》이 빼곡하게 꽂혀 있는데, 해인사에 여러 번 화재가 났어도 다른 건물보다 더 높은 곳에 지어진 장경판전은 안전했단다. 오로지 《팔만대장경》을 위해서 과학적으로 설계되어서 그 우수성을 인정받은 장경판전은 《팔만대장경》보다 앞서 유네스코 세계문화유산에 등재되었지.

겼지. 그렇게 해서 탄생한 것이 바로 대장경이란다. 세계 최초의 대장경이었지. 송나라 사람들은 이 대장경을 '개보대장경'이라고 했어. 이《개보대장경》을 바탕으로 삼아 고려에서 만든 대장경이 바로《초조대장경》이야.

고려의《초조대장경》은 1011년부터 만들기 시작해서 70여 년이 지나서야 완성했어.《초조대장경》을 만든 건 거란족이 세운 요나라의 침략을 부처의 힘으로 물리치기 위해서였지.

《초조대장경》은 고려 사람들이 직접 불교 경전을 모으고 순서를 정해서 새긴 것이 아니야. 송나라《개보대장경》의 인쇄본을 바탕으로 삼아 만든 거지. 하지만 고려 혼자의 힘으로 만든 게 아니라고 해서 너무 실망할 필요는 없어. 《초조대장경》을 제작하면서 《개보대장경》의 문제점을 하나하나 바로잡아 완성도를 높였다고 하니까 말이야. 이렇게 해서 《초조대장경》은 세계에서 두 번째로 만든 대장경이 되었단다.

초조대장경의 본모습을 확인하다

하지만 《초조대장경》은 100여 년이 흐른 후 몽골군의 침입으로 불에 타서 사라지고 말아. 물론 이후에 《팔만대장경》이 만들어지긴 했지만, 우리나라에서 최초로 탄생한 대장경을 우리 두 눈으로 확인할 수 없게 되었으니 무척 안타까운 일이지.

그런데 1965년에 놀라운 일이 벌어졌어. 우리나라의 어느 학자가 일본에 있는 한국 책들을 조사하다가 일본 교토의 '난젠지'라는 절에서 《초조대장경》을 발견한 거야. 물론 이미 불에 타 버린 목판이 아니라 《초조대장경》을 인쇄한 종이 두루마리들이었지만 말이야.

그때 발견된 《초조대장경》 인쇄본은 전체 6000권 중에 1800권 정도였어. 그리고 얼마 후 쓰시마에서 600권 정도를 더 찾아냈단다.

발견은 여기에서 끝나지 않았어. 우리나라에서도 《초조대장경》 인쇄본을 300권이나 찾아냈어. 이런 성과를 거둘 수 있었던 것은 난젠지의 《초조대장경》 덕분이었지. 난젠지의 《초조대장경》 인쇄본에 대한 연구가 이미 이루어졌기 때문에 한국에 남아 있는 《초조대장경》 인쇄본도 쉽게 알아볼 수 있었던 거야.

그런데 초조대장경 인쇄본은 어떻게 일본에 남아 있게 된 걸까? 아마

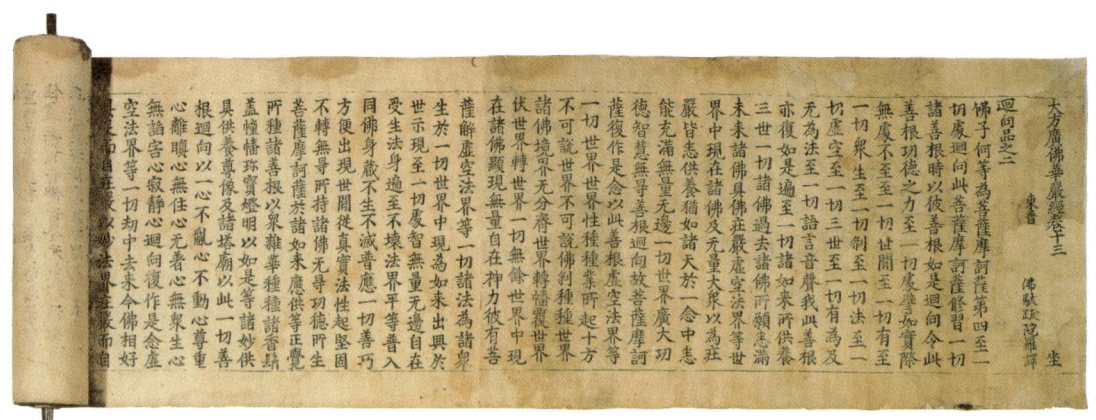

《초조본 대방광불화엄경》
《초조대장경》의 목판으로 찍어 만든 불경이야. 300권의 인쇄본 중 하나지. 오늘날 서울 봉은사에 소장되어 있어.

도 《초조대장경》이 불에 타기 전에 고려 사람들이 찍은 인쇄본 중에서 일부가 일본으로 건너간 것이겠지.

그럼, 일본은 왜 고려의 《초조대장경》 인쇄본을 가져간 걸까? 당시 일본은 고려 못지않게 불교가 발전한 나라였어. 불교를 깊이 공부하는 승려도 많았지. 일본 승려들은 불교를 공부하기 위해서는 불경을 백과사전처럼 모두 모아 놓은 대장경이 꼭 필요했단다.

하지만 송나라나 고려와 달리, 일본은 목판 인쇄술의 발달이 더뎠어. 그래서 고려에 사신을 보내 《초조대장경》 인쇄본을 받아 왔던 거야. 그리고 그 인쇄본이 교토의 난젠지와 쓰시마에 남아 지금에 이르게 된 거고.

대장경이 아니면 차라리 죽음을!

대장경에 대한 일본의 열정은 정말 대단했어. 고려 때 이미 대장경 인쇄본을 여러 차례 받아 갔지만, 조선 시대가 되어서도 대장경 인쇄본을 달라고 끊임없이 요구했어. 물론 조선 시대 때 일본이 요청한 것은 《초조대장경》 인쇄본이 아니었어. 《초조대장경》이 불탄 후 새로 만든 《팔만대장경》의 인쇄본이었지.

조선에서는 일본의 요청을 잘 들어주었을까? 조선 역시 고려 때처럼 일본에 인쇄본을 보내 주었어. 하지만 고려 때와는 다른 이유 때문이었단다.

조선은 유가 사상을 숭상하고 불교를 탄압하는 정책을 폈다고 했지? 그런데 일본에서 《팔만대장경》 인쇄본을 달라고 요청하자, 차라리 잘되었다면서 요청을 들어주기로 했던 거야. 조선은 전국에 흩어져 있는 인쇄본을 모아 일본으로 보내 버렸어.

일본은 조선이 세워진 뒤로 모두 78번이나 《팔만대장경》 인쇄본을 요청했다고 해. 하지만 150여 년이 흐른 이후에는 더 이상 요청하지 않게 되었어. 그동안 조선에서 대장경을 비롯한 불교 경전이 거의 다 사라져 버렸고, 《팔만대장경》 인쇄본도 더 이상 찍지 않았기 때문이야.

《팔만대장경》은 조선보다 일본에서 더 귀한 대접을 받았어. 일본이 《팔만대장경》을 얼마나 갖고 싶어 했는지를 잘 알 수 있는 이야기가 하나 있어.

조선 세종 임금 때의 일이야. 일본에서 사신이 왔는데, 늘 그랬듯이 《팔만대장경》을 달라고 요구했어. 그런데 이번에는 인쇄본이 아니었어. 그들이 요구한 것은 《팔만대장경》의 경판이었어. 조선이 아무리 불교를 탄압하는 나라라고 해도, 하나뿐인 문화재를 줄 수는 없는 거잖아? 조선이 거부하자, 일본 사신은 단식 투쟁까지 벌였단다.

"저희가 조선에 온 것은 오직 대장경판을 구하기 위해서입니다. 조선으로 떠나오기 전에 '대장경판 없이는 절대 돌아오지 않겠다'고 약속

까지 했습니다. 어차피 죽을 목숨, 차라리 여기에서 굶어 죽겠습니다."

결국 세종이 세 번이나 말려서 겨우 단식을 멈추게 했다는구나.

조선에서 건너간 《팔만대장경》 인쇄본을 본 어떤 일본 승려는 이런 말을 남겼다고 해.

"지극히 아름답고, 지극히 완전하다."

지금도 일본에는 조선에서 건너간 《팔만대장경》 인쇄본이 50여 부나 남아 있어. 일본 승려들은 《팔만대장경》 인쇄본을 일본 곳곳의 절에 대대로 잘 보관했을 뿐 아니라 《팔만대장경》의 우수성을 세계에 알리는 데도 크게 기여했단다.

고려 사람들의 뛰어난 기술로 만든 대장경에 세 나라 교류의 역사가 고스란히 담겨 있지? 우리나라 최초의 대장경인 《초조대장경》은 중국의 《개보대장경》이 있었기에 탄생할 수 있었어. 또한 《팔만대장경》이 세계적인 문화유산이 될 수 있었던 데는 일본 승려들의 노력도 한몫했단다.

쏙 빼닮은 한국과 일본의 불상

두 개의 불상을 봐. 어때? 정말 비슷하지? 둘 다 오른쪽 발을 왼쪽 무릎 위에 올린 채 무언가에 엉덩이를 대고 앉아 있어. 오른손을 오른쪽 뺨에 살짝 댄 채 생각에 잠겨 있구나.

왼쪽은 한국에서 발견된 불상이고, 오른쪽은 일본의 '고류지'라는 오래된 절에 있는 불상이야. 다시 봐도 정말 비슷하지? 하지만 다른 점도 있어. 한국 불상은 구리로 만들어 금박을 입혔고, 일본 불상은 적송이라는 소나무로 만든 거야.

두 불상 중에 어느 것이 먼저 만들어진 걸까? 아마 한국 불상이 먼저 만들어졌을 거야. 한국이 일본보다 먼저 불교를 받아들여 불상 제작 기술도 앞서 있었으니까, 한국 불상이 먼저 만들어졌을 가능성이 크겠지.

그럼 일본 불상은 어떻게 만든 걸까? 일본 기술자가 한국 불상을 보고 따라서 만든 걸까? 아니면 한국에서 만든 후에 일본에 전해 준 걸까?

**한국의 금동미륵보살반가사유상(국보 제83호)과
일본 고류지의 목조미륵보살반가사유상(일본 국보 제1호)**
한국과 일본의 반가사유상이야. 둘이 굉장히 닮았지만 자세히 보면 재료 말고도 차이점이 있어. 한국의 반가사유상은 목걸이를 걸고 있고, 입꼬리가 조금 더 올라갔어. 발아래 연꽃 장식도 일본의 반가사유상은 2단으로 되어 있지. 그래도 참 닮았구나.

처음에는 일본 기술자가 만든 거라고 생각하는 학자들이 많았어. 하지만 일본 불상이 적송으로 만들어진 것으로 밝혀지자 학자들의 생각이 바뀌었어. 한국에서 만들어 일본에 전해 주었을 확률이 높다고 생각하기 시작했지.

왜냐고? 당시 일본에서는 불상을 만들 때 주로 녹나무나 비자나무를 사용했어. 소나무를 사용한 경우가 거의 없었지. 게다가 적송은 한반도의 경상도 일대에 자생해 온 나무야.

일본 역사책에 보면, "신라 사신이 불상 1구, 금탑, 사리 등을 가져와 고류지에 모셨다."는 이야기가 나와. 학자들은 신라 사신이 가져온 불상 1구가 바로 적송으로 만든 불상일 가능성이 높다고 생각하고 있어.

일본 불상은 한국에서 만들었을 가능성이 높아. 하지만 누가 만들었느냐보다 더 중요한 건 한국과 일본 두 나라가 불교를 통해 밀접하게 문화 교류를 했다는 사실이 아닐까?

한·중·일 인기 최고의 역사 소설 3

《삼국지》 읽어 봤어? 만화나 영화로 본 사람도 있을 거고, 아마 삼국지 온라인 게임을 해 본 사람도 있을 거야.

《삼국지》에는 수많은 영웅이 등장해. 유비, 관우, 장비, 제갈량, 조조 등등 이름만 들어도 신이 나는구나. 너희들은 어떤 사람을 가장 좋아해? 의리 있고 용맹스러운 관우? 지략이 뛰어난 제갈량이 더 좋다고? 어른들 중에는 교활하지만 나라 경영을 잘했던 조조를 좋아하는 사람도 많단다.

《삼국지》는 중국에서 탄생한 소설이야. 원나라가 망하고 명나라가 건국될 무렵, 그러니까 우리나라의 고려 시대 말기쯤에 나온 작품이란다. 《삼국지》는 중국은 물론이고 우리나라와 일본 사람들도 많이 읽었어. 지금도 세 나라 사람들이 꾸준히 즐겨 읽는 소설이지.

중국에서 탄생한 《삼국지》는 어떻게 해서 세 나라 사람들의 사랑을 받게 되었을까?

이야기꾼, 희곡 작가, 소설가가 함께 만든 작품

《삼국지》는 역사 소설이야. 실제로 있었던 역사를 바탕으로 쓴 소설이지. 그럼, 역사 소설 《삼국지》가 어떻게 태어났는지 한번 살펴볼까? 그러기 위해서는 중국 한나라 때로 거슬러 올라가야 해.

한나라가 세워지고 400년 정도 지났을 무렵, 중국 대륙은 큰 혼란에 빠졌어. 조정은 간신들로 들끓었고 지방에서는 큰 반란이 끊이지 않았지. 이때 어지러운 나라를 구하겠다며 수많은 영웅이 나섰어. 조조, 유비, 손권이 그런 사람들이었지.

세 사람은 한나라 땅을 셋으로 나누어 차지했어. 조조의 아들 조비는 위나라, 유비는 촉나라, 손권은 오나라를 세웠지. 위, 촉, 오, 세 나라의 역사는 나중에 역사책에 기록되었는데, 그 역사책의 이름이 《삼국지》였어. 역사 소설 《삼국지》와 이름이 같지? 역사책 《삼국지》를 통해서 세 나라의 재미있는 사건이나 개성 강한 영웅들의 이야기가 사람들에게 알려지기 시작했단다.

역사책 《삼국지》는 어떻게 해서 널리 퍼진 걸까? 당시에는 말재주가 뛰어난 이야기꾼이 많았어. 길거리에서 청중에게 돈을 받고 이야기를 해 주는 사람들이었지. 이야기꾼들은 청중을 모아 놓고는 《삼국지》 이야기를 들려주었어. 하지만 역사책 《삼국지》의 내용을 있는 그대로 읽어 주기만 하면 별로 재미가 없었겠지? 이야기꾼들은 실제로는 일어나지 않았던 사건을 지어내기도 하고 영웅들의 활약상을 더욱 실감나게 꾸미기도 했단다.

역사책 《삼국지》의 내용은 이야기꾼들의 입을 통해 점점 더 재미있어졌어. 이 이야기를 좋아하는 사람도 늘어났지. 하지만 듣는 것만으로는 만족하지 못하는 사람이 많아졌어. 영웅들이 실제로는 어떻게 생겼을지 궁금해 하는 사람도 생겨났지. 그래서 어떤 희곡 작가는 배우를 등장시켜 연극을 상연하기도 했단다.

역사책 《삼국지》가 이야기꾼과 연극을 통해 널리 퍼져 1000년의 시간이 흘렀을 무렵, 나관중이라는 사람이 《삼국지》의 내용과 이야기꾼과 희곡 작가가 지어낸 수많은 이야기를 바탕으로 소설을 지었어. 그렇게 해서 완성된 책이 바로 역사 소설 《삼국지》야.

하지만 우리가 현재 즐겨 읽는 나관중의 《삼국지》는 제목이 잘못되었어. 원래 나관중이 지은 제목은 '삼국지연의'였어. 짧게 줄여서 '삼국지'라고 부르다 보니, 《삼국지》로 잘못 알려진 거지. 그러니까 우리는 지금부터 '삼국지연의'라고 고쳐 부르도록 하자.

중국의 이야기꾼 조각상
중국 광저우에 있는 진씨서원 뒤뜰의 조각상이야. 오른쪽에서 이야기를 들려주는 이야기꾼과 그 이야기에 귀를 기울이는 사람들의 모습이 생생해.

나관중의 《삼국지연의》는 명나라와 청나라 때 중국에서 가장 인기 있는 소설이었어. 수많은 출판사들이 이 책을 출간했는데 100종이 넘을 정도였다고 해. 출판사들은 판매량을 늘리기 위해 책에 재미있는 그림을 넣기도 했다는구나.

"전하, 이 책은 절대 읽지 마소서!"

중국 사람들이 즐겨 읽은 《삼국지연의》는 이웃나라 조선에도 전해졌어. 누가 언제 처음 조선에 가져왔는지는 알 수 없어. 아마도 명나라에 간 조선 사절단 일행이 가져오지 않았을까? 북경에 갔다가 《삼국지연의》가 잘 팔리는 걸 보고 호기심에 사 왔을지도 모르지.

《삼국지연의》는 처음에는 양반들만 읽었어. 일반 백성들은 대부분 한자를 몰랐으니까. 하지만 《삼국지연의》를 두고, 읽어서는 안 되는 나쁜 책이라고 생각하는 사람도 많았단다.

조선은 유학을 숭상한 나라라고 했지? 유학에서는 역사 공부를 중요하게 생각해. 하지만 소설을 읽는 것은 나쁘다고 생각했어. 《삼국지연의》는 역사를 바탕으로 쓴 책이지만, 그래도 소설은 소설이잖아? 유학자들은 《삼국지연의》를 황당무계한 이야기로 가득한 소설이라고 비판하곤 했단다.

그래도 《삼국지연의》의 인기는 식을 줄을 몰랐어. 양반들은 겉으로는 "나쁜 책이야. 읽어서는 안 돼!"라고 말하면서도, 혼자 있을 때 몰래 읽으며 영웅들의 무용담에 흠뻑 빠져들곤 했지. 양반들 사이에서 유행하던 《삼국지연의》는 왕실에도 전해졌고, 심지어는 왕도 읽는 책이 되었단다.

어느 날, 선조 임금이 신하들과 이야기를 나누다가 문득《삼국지연의》의 한 장면을 떠올렸어.

"장비가 장판교에서 큰소리로 꾸짖어 조조의 군사들을 달아나게 했지……."

그러자 한 신하가 선조를 나무랐어.

"전하,《삼국지연의》는 황당무계한 소설일 뿐입니다. 절대 읽지 마소서!"

신하의 잔소리를 들은 선조의 기분은 어땠을까? 무척 자존심이 상했겠지? 하지만 이런 상상도 해 보게 돼. 선조에게 잔소리를 늘어놓은 그 신하도 어쩌면《삼국지연의》를 재미있게 읽지 않았을까? 그래놓고는 나쁜 책이라며 왕에게 잔소리를 해댄 건 아닐까?

우리에게도 이런 영웅이 있었으면 좋겠다!

《삼국지연의》는 처음에는 양반가와 왕실에서 유행하다가 백성들 사이에도 점차 퍼졌어. 한자를 모르는 백성들이 어떻게 《삼국지연의》를 알게 되었을까?

당시 조선에도 중국처럼 이야기꾼이 있었어. 백성들은 이야기꾼을 통해 《삼국지연의》를 처음 알게 되었을 거야. 한번 상상해 봐.

한 이야기꾼이 많은 사람들이 지나가는 거리에 자리를 잡고는 《삼국지연의》 이야기를 시작해. 그러면 길을 가던 백성들이 발걸음을 멈추고 하나 둘씩 모여들지. 이야기가 재미있어질수록 사람들이 점점 늘어나. 그런데 이야기가 가장 재미있는 부분에 이를 무렵, 이야기꾼이 갑자기 말을 멈춰 버리는 거야. 청중은 빨리 다음 이야기를 해 달라고 졸라 대지만 이야기꾼은 모른 척 고개를 돌리지. 애가 탄 청중이 너도나도 돈을 던져 주자, 그제야 신이 난 이야기꾼은 다음 이야기를 이어 나가는 거야. 어때, 그때 분위기가 짐작이 가니?

《삼국지연의》가 백성들 사이에 널리 퍼진 건 임진왜란 때야. 외적의 침입으로 나라가 망할지도 모르게 되니까, 어디선가 영웅이 나타나 구해 주면 좋겠다고 생각하는 사람이 많아졌을 거야. 당시 사람들은 《삼국지연의》에 등장하는 영웅들을 보면서 "우리에게도 이런 영웅이 나타나겠지?" 하고 기대하지 않았을까?

하지만 《삼국지연의》가 조선 백성 사이에서 널리 퍼진 가장 큰 이유는 따로 있어. 한글로 번역한 책이 등장했거든. 《삼국지연의》를 직접 읽고 싶어 하는 사람이 늘어나니까, 한글로 번역해서 책을 낸 거지. 《삼국지연의》는 그렇게 일반 백성들도 쉽게 읽는 책이 되었어. 부녀자와 아이

들도 내용을 줄줄 욀 정도로 널리 퍼졌단다.

《삼국지연의》를 읽으며 충성과 절개를 느끼다

일본에서도 《삼국지연의》의 인기는 우리나라 못지 않아. 일본 사람들은 언제부터 《삼국지연의》를 읽었을까?

《삼국지연의》가 일본에 전해진 건 임진왜란이 끝난 후쯤이야. 조선을 통해 들어왔을 수도 있고, 중국에서 일본으로 직접 전해졌을 수도 있지. 어쩌면 중국에 유학을 간 일본 승려들이 귀국하면서 《삼국지연의》를 가져왔을지도 몰라.

《삼국지연의》는 일본에서도 큰 인기를 끌었어. 일본은 조선보다 더 일찍 일본어로 번역해서 출간했어. 그만큼 사람들의 마음을 빠르게 사로잡았기 때문이지.

일본에서는 특히 그림이 들어간 《삼국지연의》가 큰 인기를 끌었어. 일본은 판화가 발달한 나라였어. 특히 색이 화려한 판화가 유행했지. 일본에서 나온 《삼국지연의》 중에는 400개가 넘는 그림이 들어간 책도 있었다고 해. 글만 읽어도 재미있는데, 그림까지 함께 보면서 읽으면 얼마나 재미있었겠어?

일본 사람들은 《삼국지연의》를 왜 그렇게 좋아한 걸까? 이 책에 일본 사람들이 좋아하는 충성과 절개 관념이 들어 있기 때문이야.

일본은 옛날부터 무사가 지배하는 나라였어. 무사들의 세계에서는 주군과 부하의 관계가 엄격했어. 부하는 주군에게 충성하고 절개를 지켜야 했지. 무사들의 충성과 절개 관념은 널리 퍼졌고, 일반 백성들 사이

〈삼국지도〉
인기가 있었던 만큼 조선에도 《삼국지연의》의 장면을 그린 그림이 남아 있어. 여기 세 폭의 그림은 오른쪽에서부터 도원결의, 삼고초려, 장판교 결투 이야기를 담았구나.

에서도 반드시 지켜야 할 덕목으로 자리 잡았단다.

《삼국지연의》에는 부하가 주군에게 충성하고 절개를 지키는 장면이 많이 나와. 《삼국지연의》의 첫 장면은 유비, 관우, 장비 세 사람이 **도원결의**를 맺는 장면이야. 세 사람은 검은 소와 흰 말을 제물로 준비하고 천지신명께 절하며 이렇게 맹세하지.

"우리는 같은 해, 같은 달, 같은 날에 태어나지는 않았지만, 같은 해,

도원결의
유비, 관우, 장비가 복숭아 나무가 가득한 도원에서 의형제를 맺은 일. 의형제를 맺거나 뜻이 맞는 사람들이 합심하는 것을 가리키는 말의 유래.

같은 달, 같은 날에 죽기를 맹세합니다."

이렇게 맹세한 후 관우와 장비는 유비에게 충성을 다했어. 다른 영웅이 유혹해도 끝까지 절개를 지켰지. 결국 관우와 장비는 유비보다 먼저 죽었지만, 관우와 장비의 아들은 대를 이어 유비에게 충성을 다했단다.

일본 사람들은 《삼국지연의》에서 충성과 절개를 지킨 관우와 장비 같은 영웅들을 보며 공감하고 감동을 느꼈을 거야.

흥미진진한 이야기로 가득한 《삼국지연의》는 세 나라에서 오랫동안 사랑받아 왔어. 특히 조선에서는 《삼국지연의》를 읽으며 영웅이 나타나 외적을 막아 주길 바랐고, 일본에서는 《삼국지연의》에 등장하는 영웅들을 보며 충성과 절개를 가슴 깊이 새기곤 했단다.

조선의 신이 된 관우

서울 지하철역 중에 1호선과 6호선이 만나는 '동묘앞'이라는 역이 있어. 동묘는 '동관왕묘'의 줄임말로, '동쪽에 있는 관왕의 사당'이라는 뜻이야. 여기에서 관왕은 관우를 뜻해. 관우를 높이 숭상해서 왕의 칭호를 붙인 거지. 서울 한복판에 중국 사람인 관우의 사당이 있는 건 왜일까?

임진왜란 때 명나라는 조선에 군사를 보내 주었어. 명나라 군사들은 고향에 있을 때 대부분 《삼국지연의》에 등장하는 관우를 신으로 모셨어. 조선에 온 후에도 전투에 나설 때마다 관우에게 이기게 해 달라고 빌고 싶어 했지. 그래서 명나라는 조선에 관우 사당을 지어 달라고 요청했단다. 조선은 수도 한성 주위의 여러 곳에 관우 사당을 지어 주었어.

관우 사당을 짓는 건 결코 쉬운 일이 아니었어. 임진왜란으로 나라 살림이 바닥이 난 상황이라 비용 부담이 무척 컸지. 조선에 중국의 신을 모시는 사당을 두는 것을 못마땅하게 여기는 사람도 많았어. 하지만 명나라의 도움을 받아야 하는 처지라 그 요청을 거절할 수도 없었단다.

임진왜란이 끝난 후 관우의 사당은 대부분 없어지고 '동관왕묘'만 남았어. 하지만 관우에 대한 신앙은 임진왜란이 끝난 후에도 사라지지 않았어. 조선 백성들도 관우를 좋아하게 되어 신으로 모시기 시작했거든. 게다가 《삼국지연의》가 백성들 사이에 널리 퍼지면서 관우는 더욱 인기 있는 신이 되었어. 그래서 관우는 어느새 우리나라의 전통 신앙에서도 중요한 위치를 차지하는 신이 되었단다.

동관왕묘와 관우상
동관왕묘의 모습이야. 오른쪽에 보이는 상이 바로 이곳에 모셔 둔 관우란다.

원조를 뛰어넘은 자기

도자기는 박물관 유물 중에서 가장 많은 수를 차지하고 있어. 그림, 조각, 공예 작품에 비해 무척 튼튼한 편이라 오랜 시간을 견디며 지금까지 남아 있는 것이 많지.

도자기는 도기와 자기를 합쳐 부르는 말이야. 도기는 1000도 정도의 불에 도토(진흙)를 구워 만든 것이고, 자기는 1300도 이상의 불에 자토를 구워 만든 걸 말해. 빗살무늬 토기나 옹기그릇은 도기에 속하고, 고려청자나 분청자, 백자는 자기에 속하지.

도기는 먼 옛날부터 세계 여러 나라 사람들이 만들었어. 하지만 자기는 자토를 구하기가 쉽지 않고 온도를 높이는 기술이 까다로워 생산하기가 무척 어려웠단다.

세계 최초로 자기를 만든 나라는 중국이야. 위진남북조 시대에 이미 자기를 생산했지. 한국은 중국의 기술을 배워 세계에서 두 번째로 자기 생산국이 되었고, 일본은 조선의 도공을 통해 한국보다 600여 년 뒤에 자기를 생산하기 시작했단다.

한국은 중국에게, 일본은 한국에게 자기 만드는 기술을 배웠어. 그렇지만 자기의 품질과 예술적 수준은 결코 가르쳐 준 나라에 뒤지지 않았단다. '청출어람 청어람'이라고 할 수 있지.

송나라 자기를 뛰어넘은 고려청자

중국의 자기가 우리나라에 들어온 건 통일 신라 말기의 일이야. 장보고를 비롯한 신라 무역 상인들이 들여온 중국의 자기는 귀족들 사이에서 큰 인기를 끌었지. 그중에서도 특히 청자의 인기가 높았단다. 그 이유는 당시 불교계의 변화와 관계가 있어.

통일 신라 말기에 중국의 선종 불교가 우리나라에 소개되었어. 그 전까지만 해도 불교는 경전의 연구를 중요하게 여겼지만, 선종은 고요한 명상을 통해 깨달음에 이를 수 있다고 주장하는 종파였어. 그런데 명상을 하다 보면 많이 졸렸겠지? 승려들은 맑은 정신으로 명상을 하기 위해 차를 즐겨 마셨단다. 그래서 중국의 선종 불교가 통일 신라에 소개될 때 차와 함께 들어왔는데, 이때 찻잔까지 함께 들어온 거야.

당시 승려들은 청자로 만든 찻잔을 특히 좋아했어. 차의 은은한 색과

향을 가장 잘 살려 준다고 생각했거든. 승려들 사이에 유행하던 중국 청자는 점점 널리 퍼졌고, 통일 신라 귀족들 사이에서도 인기를 끌게 되었단다.

당시만 해도 우리나라는 중국 자기를 수입했을 뿐 자기를 만드는 기술은 없었어. 우리나라가 자기를 직접 생산하기 시작한 건 고려 초기부터야. 당시 중국은 혼란한 오대십국 시대를 거치고 있었기 때문에, 고려로 이주하는 도공들이 적지 않았어. 고려의 지배층은 이 중국 도공들을 고용해서 자기 만드는 기술을 배워 자기를 생산하기 시작했단다.

고려는 그 후 100여 년 동안 자기 생산 기술을 독자적으로 발전시켜 나갔어. 그렇게 해서 탄생한 것이 바로 고려청자야. 고려청자는 중국 송나라에서도 감탄할 정도로 수준이 높았어. 특히 고려 사람들이 창조한 상감 청자 기술은 중국에서도 감히 흉내 내지 못할 정도였지.

고려를 방문한 송나라 사신 중에 '서긍'이라는 사람이 있었어. 서긍은 고려를 다녀온 후 이런 글을 남겼어.

"자기의 빛깔이 푸른 것을 고려 사람들은 '비색'이라고 부른다. 최근 들어 자기 제작 기술이 더욱 정교해지고 색깔은 더욱 아름다워졌다. 송나라의 자기도 여기에 미치지 못한다."

송나라 시대는 중국 역사에서 자기 제작 기술이 가장 뛰어났

청자 운학 무늬 상감 매병
푸른 비색을 내는 것도 뛰어난 기술인데, 고려의 도공들은 청자 표면에 검은 흙이나 하얀 흙, 또는 금이나 은을 박아 무늬를 내는 상감 기술도 뛰어났어.

던 시대야. 그런 송나라의 자기가 고려청자보다 못하다고 기록한 걸 보면, 고려청자의 제작 수준이 얼마나 높았는지 짐작할 수 있겠지?

분청자와 성 하나를 바꾼 일본 영주

중국, 한국에 이어 일본은 언제 어떻게 자기를 생산하게 되었을까? 일본 자기의 역사는 한국 자기와 관계가 깊어. 그러니 한국 자기의 역사를 좀 더 설명해야 할 것 같구나.

고려청자의 생산은 고려 말기부터 쇠퇴하기 시작했어. 그건 왜구의 침략 때문이야. 왜구는 일본 열도를 중심으로 활동하던 해적인데, 한반도를 자주 침략하여 고려의 해안가 백성들을 약탈하곤 했어. 그래서 고려는 백성들을 해안에서 멀리 떨어진 육지로 대피시켰는데, 이때 도공들도 청자 가마터를 버리고 대피해야 했어. 결국 고려청자 생산이 크게 줄었고, 생산 기술도 쇠퇴하고 말았단다.

조선이 건국될 무렵부터 도공들은 고려청자 대신 분청자라는 자기를 만들기 시작했어. 분청자는 고려청자와 어떻게 다를까? 조선 도공들은 처음에는 옛날의 화려한 고려청자를 다시 만들려고 했어. 하지만 아무리 만들어 봐도 고려청자의 빛깔을 되살릴 수 없었어. 그래서 좋지 않은 빛깔을 감추기 위해서 흰 흙을 하얗게 발

분청자 모란넝쿨 무늬 항아리
분청자라고 밋밋하기만 한 건 아니야. 자기 위에 바른 흰 흙을 긁어내서 다양한 무늬를 넣어 꾸미기도 했단다.

랐지. 그렇게 해서 탄생한 것이 바로 분청자야. 분청자는 고려청자만큼 화려하지는 않지만, 은은하고 고요한 멋이 있어서 고려청자 못지않은 예술성을 지닌 자기란다.

분청자는 이웃나라 일본에서도 인기가 많았어. 당시 일본 사람들은 차를 즐겨 마셨는데, 조선의 분청자 찻잔이 고요함을 좋아하는 일본 사람들의 취향에 잘 맞았던 거야. 일본은 조선의 분청자를 수입했지만, 원하는 양에 비하면 턱없이 부족했어. 그래서 분청자는 일본에서 무척 귀한 대접을 받았지.

조선의 분청자가 얼마나 귀했는지, 도요토미 히데요시는 어느지방 영주에게 상을 내릴 때 땅 대신 분청자를 주었대. 또 일본의 한 지방 영주는 성 하나와 분청자 찻잔 하나를 맞바꾸었다는 이야기도 전해지고 있단다.

일본의 분청자에 대한 사랑은 점점 커져만 갔어. 그리고 조선의 다른 자기들도 인기를 끌게 되었지. 일본 사람들은 가지면 가질수록 더 많은 조선 자기를 갖기를 바랐어. 원하는 만큼 가질 수 있는 방법은 하나뿐이었어. 자기를 직접 생산하는 것이었지.

얼마 후 일본은 자기를 직접 생산하는 꿈을 이루게 된단다. 그 꿈은 어떻게 실현되었을까?

조선 도공의 손으로 새롭게 태어난 일본 자기

임진왜란 때의 일이야. 조선에 온 일본의 장수 중에 '시마즈 요시히로'라는 영주가 있었어. 시마즈 요시히로 역시 다른 일본의 영주들처럼 조선의 자기를 무척 좋아했단다. 그래서 전쟁 후 일본으로 돌아오는 길에 조선 도공들을 붙잡아 왔지. 일본 땅에서 자기를 직접 만들기 위해서 말이야. 시마즈 요시히로는 조선에서 붙잡아 온 도공들에게 가마 만들 땅을 내어 주고, 자기를 만들게 했어.

조선 도공들은 고향이 그리웠지만 돌아갈 수 없었어. 시마즈 요시히로가 돌려보내 줄 리가 없었지. 조선 도공들은 당장에 먹고살기 위해 자기를 만들 수밖에 없었단다.

조선 도공들은 고향에서 만든 것과 똑같은 자기를 만들고 싶었어. 하지만 일본의 흙은 조선과 달라서 조선 자기를 만들기가 쉽지 않았단다. 도공들은 오랜 시간 동안 방방곡곡을 떠돌며 흙을 찾아다녔어. 그러고는 마침내 알맞은 흙을 찾아 조선 자기와 비슷한 자기를 만드는 데 성공했지. 이제 일본도 조선 도공의 노력으로 자기 생산국이 된 거야.

시마즈 요시히로는 조선 도공들이 만든 자기를 혼자서만 즐기지는 않았어. 일본 곳곳에 자기를 전파했지. 막부의 쇼군에게 바치기도 하고, 다른 지방 영주에게 선물로 보내기도 했어.

임진왜란 때 붙잡혀 온 조선 도공들은 낯선 일본 땅에서 400년 넘게 대를 이어 자기를 생산했어. 그런데 일본 사람들의 취향에 맞추다 보니, 조선 자기와는 느낌이 다른 새로운 자기를 창조하게 되었단다. 그렇게 탄생한 자기 중에는 특히 '사쓰마 자기'

세계적으로 인정받은 사쓰마 자기
조선 도공들의 노력으로 일본도 자기를 생산하게 되었지만 쉬운 일은 아니었어. 뛰어난 도자기 기술로 사쓰마 자기를 만든 심수관 가문도 알맞은 흙을 찾느라 12대에 이르러서야 조선의 자기를 제대로 만들어 보일 수 있었다고 해.

원조를 뛰어넘은 자기 | 109

가 유명해.

　사쓰마 자기를 만든 건 심수관 가문이야. 임진왜란 때 조선에서 끌려온 후 일본 사쓰마 지역에서 정착하여 대를 이어 자기를 만든 가문이지. 심수관 가문은 조선 자기와는 다른 독특한 자기를 창조했어. 자기에 아름답고 미세한 구멍을 뚫거나 자기 표면의 그림에 입체감을 주는 등 새로운 기법을 개발해서 일본 사람들로부터 많은 사랑을 받았지. 그래서 심수관 가문은 12대에 이르러 일본 왕실의 그릇을 생산하는 자격을 얻기도 했단다.

　심수관 가문이 만든 자기의 명성은 일본 안에만 머물지 않았어. 세계 여러 나라에 알려져 러시아, 미국 등으로 수출되었고, '사쓰마 자기'라는 이름을 얻었지. 일본은 중국, 한국보다 훨씬 늦게 자기 생산을 시작했고 한국으로부터 자기 생산 기술을 배워야 했지만, 중국, 한국과는 전혀 다른 새로운 모습의 자기를 창조하여 세계적인 명성을 얻게 되었단다.

　'자기'는 중국에서 처음 탄생했지만 한국과 일본도 중국에 결코 뒤떨어지지 않았어. 한국은 세계 어느 누구도 흉내 내지 못할 고려청자의 비색과 상감 청자 기술을 창조했고, 일본은 새로운 자기를 창조하여 세계적인 자기 생산국이 되었으니까 말이야.

고향으로 돌아온 고려청자

1976년 전라남도 신안군 앞바다에서 세계 고고학계가 깜짝 놀랄 소식이 전해졌어. 바다 밑에서 엄청나게 큰 배가 발견된 거야. 고고학자들이 조사한 결과, 이 배는 중국 원나라의 것으로 밝혀졌어. 도대체 원나라의 배가 600~700년이란 기나긴 시간 동안 한반도의 서해에 잠들어 있었던 까닭은 무엇이었을까?

이 배 속에는 2만 5000점이 넘는 물품이 들어 있었어. 그런데 어떤 물품에 이름표가 하나 붙어 있었어. '일본 ○○씨 집으로 가는 상품'. 고고학자들이 분석한 결과, 이 원나라 배는 일본으로 가는 무역선이었고 신안군 앞바다를 지나가다가 사고를 당해 침몰했다는 사실이 밝혀졌단다.

이 침몰선에 가장 많이 들어 있는 물품은 자기였어. 무려 2만 점이 넘게 발견되었지. 대부분 원나라의 자기였지만, 그중에는 고려청자도 일곱 점 들어 있었어. 아마 더 많은 고려청자가 실려 있었겠지만, 침몰 이후에 거의 다 사라지고 그것만 남았을 거야. 그럼, 이 고려청자들이 원나라에서 일본으로 가는 배에 들어 있었던 이유는 무엇일까?

이 고려청자들은 원래 원나라로 수출된 자기였을 거야. 고려 상인이 원나라 상인에게 팔았던 것이겠지. 그런데 이 고려청자들은 원나라에 온 일본 상인들에게 더욱 비싼 값에 팔렸던 것 같아. 그래서 일본으로 가는 배에 실리게 되었겠지. 하지만 그 배가 난파되는 바람에 신안군 앞바다에 함께 묻히게 된 거야. 결국 이 고려청자들은 고려에서 태어나 중국 대륙과 서해를 떠돌다가 고향 앞바다로 돌아와 묻히게 된 셈이지.

신안선에서 출토된 고려청자와 목간
몇 백 년이나 바다 깊숙이 묻혀 있었지만 고려청자의 비색은 그대로 남아 있어. 함께 발견된 목간에 적힌 정보로 고려청자들의 정체가 밝혀졌지.

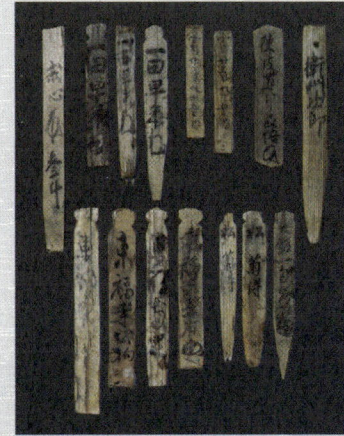

함께 만든 세계 지도

5

우리가 오늘날 흔히 보는 세계 지도는 서양의 발명품이야. 하지만 세계 지도를 처음 만든 건 서양이 아니라 동양이었어. 500년 전까지만 해도 동양 사람들의 세계 지리 지식이 더 풍부했고, 지도 제작 기술도 더 뛰어났지.

오른쪽의 지도를 한번 살펴볼까? 모양이 좀 이상하긴 하지만, 우리나라와 중국을 그린 지도가 분명해. 그런데 중국의 왼쪽에도 우리나라와 크기가 비슷한 땅이 있어. 지명을 보니 아프리카, 아라비아 반도, 유럽을 그린 거야. 우리나라의 아래쪽에는 일본이 그려져 있어. 이 지도는 뜻밖에도 세계 지도로구나.

이 세계 지도는 어느 나라 사람이 만든 걸까? 지도 맨 위에 열 개의 한자가 쓰여 있는데, 지도 제목인 것 같아. 그렇다면 한자를 사용한 나라가 만든 세계 지도라는 건데, 중국 사람이 만든 걸까? 아니면 혹시 한국이나 일본 사람이 만들었을까?

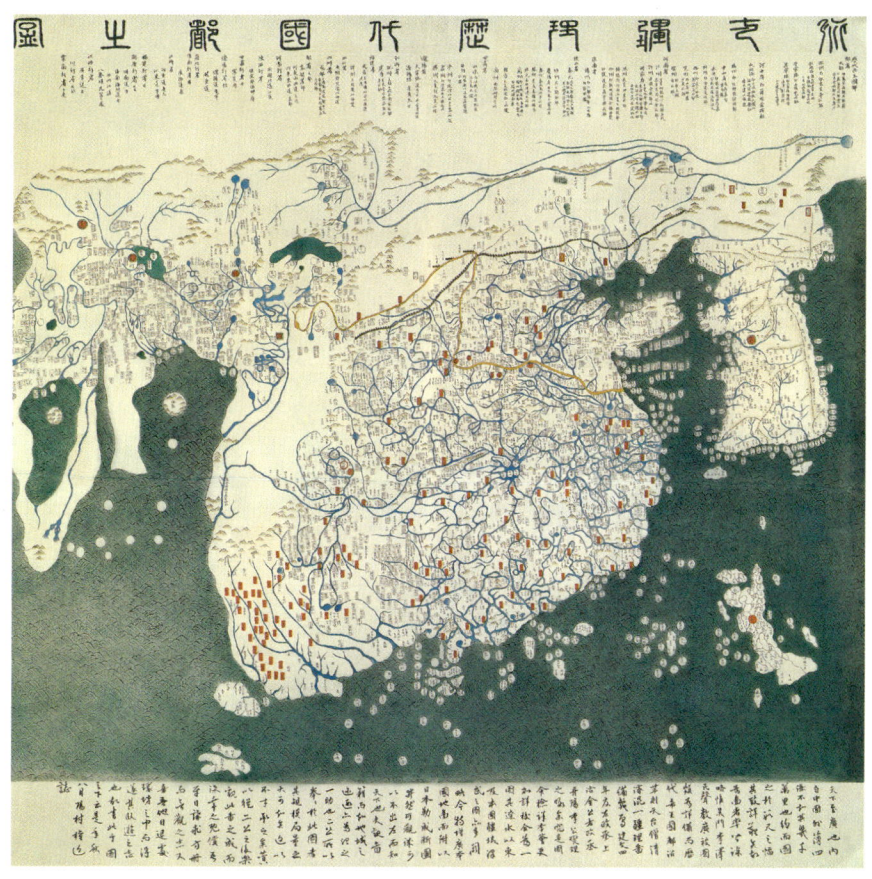

〈혼일강리역대국도지도〉
꽤 오래되어 보이는
세계 지도야. 누가, 언제
만들었을까?

조선이 만든 세계 지도?

정답부터 말하면, 이 세계 지도는 우리나라에서 만든 지도야. 조선 시대 때 만들어졌지. 조선 시대 사람들이 세계 지도를 만들었다니, 놀랍지?

우선 지도 윗부분에 있는 한자를 자세히 살펴보자꾸나. '혼일강리역대국도지도'라고 쓰여 있어. 이 세계 지도의 제목인 셈이지.

'혼일강리역대국도지도'란 말은 무슨 뜻일까? '혼일混一'은 한데 모아 섞어서 하나로 만들었다는 뜻이고, '강리彊理'는 영토, '역대국도歷代國

함께 만든 세계 지도 | 113

都'는 각 나라의 수도라는 뜻이야. 그러니까 각 나라의 영토와 수도를 한 장에 담아 그린 지도라는 뜻이 되겠구나.

지도 밑의 글을 자세히 봐. 깨알 같은 글자들이 잔뜩 쓰여 있지? 이 글이 중요해. 이 지도를 누가, 언제, 어떻게 만들었는지 설명이 적혀 있어. 이런 글을 발문이라고 해.

발문을 쓴 사람은 조선 초기의 학자 '권근'이야. 이 글을 읽어 보면, 조선이 세워지고 나서 10년이 지난 1402년 권근이 왕의 명령을 받아 여러 신하들과 함께 만들었다고 되어 있어. 어때? 조선이 만든 세계 지도가 분명하지?

그런데 〈혼일강리역대국도지도〉는 조선 사람들이 직접 현지답사를 해서 그린 지도가 아니야. 전 세계를 해안선 따라 돌아다니며 직접 측량할 수는 없었겠지?

이 지도는 여러 장의 지도를 한데 모은 후 섞어서 만든 지도야. 그래서 지도 이름에 '혼일'이라는 글자가 붙은 거지. 그럼, 〈혼일강리역대국도지도〉에는 어떤 지도들이 섞여 있을까?

원나라의 세계 지도를 참고하다

사실 이 지도에서 조선을 뺀 왼쪽 대부분은 중국에서 만든 세계 지도를 참고해서 그린 거야. 중국과 아라비아 반도, 유럽과 아프리카 대륙 모두 중국에서 만든 세계 지도에 이미 있었던 거지.

권근이 참고한 중국의 세계 지도는 중국 원나라 때 만든 거야. 그리고 언제쯤엔가 우리나라로 건너와 권근의 손에 들어오게 된 것이지. 그럼,

원나라는 어떻게 해서 세계 지도를 만들게 되었을까?
 원나라를 세운 쿠빌라이 칸은 황제가 되자마자 세계 지도를 만들기로 결심했어.
 "세계의 지도를 모두 모으고 하나로 엮어서, 짐의 영토가 얼마나 끝없이 넓은지 나타내 보여라!"
 쿠빌라이 칸은 아라비아 출신의 지도 제작자를 책임자로 임명했어. 당시 아라비아에는 뛰어난 지도 제작자가 많았거든.
 아라비아의 지도 제작자는 세상에 떠돌고 있는 지도를 모두 모았어. 중국에서 만든 지도를 모으기도 하고, 아라비아 지도는 고향 친구에게 부탁하기도 했지. 유럽과 아프리카 지도는 사신을 파견해서 구해 왔어.

그렇게 모은 지도들을 바탕으로 서로 위치와 크기를 비교하며 한 장의 세계 지도를 만들었지. 원나라의 세계 지도는 이렇게 완성된 거란다.

조선을 실제보다 크게 그린 까닭은?

권근은 원나라의 세계 지도를 가지고 〈혼일강리역대국도지도〉를 만들기 시작했어. 그런데 아주 큰 문제가 있었어. 원나라의 세계 지도에는 조선이 너무 대충 그려져 있었거든. 영토도 잘못 그려졌고 지명도 틀린 것이 많았지.

권근은 조선 부분을 어떻게 그릴까 고민했어.

'그래. 우리 조선이 만드는 세계 지도인데, 조선 땅을 대충 그려 넣을 수는 없지. 조선 지도는 새로 그려야겠다.'

권근은 어느 지도 제작자에게 명령하여 조선 지도를 새로 만들었어. 그리고 원나라의 세계 지도에 있던 조선 지도를 빼고 새로 만든 조선 지도를 넣었지.

그럼, 〈혼일강리역대국도지도〉의 조선 부분을 다시 한번 살펴볼까? 어때? 요즘에 만든 우리나라 지도보다 좀 더 뚱뚱하게 그려졌지?

하지만 그것보다 훨씬 이상한 점이 하나 있어. 우리나라와 중국을 비교해

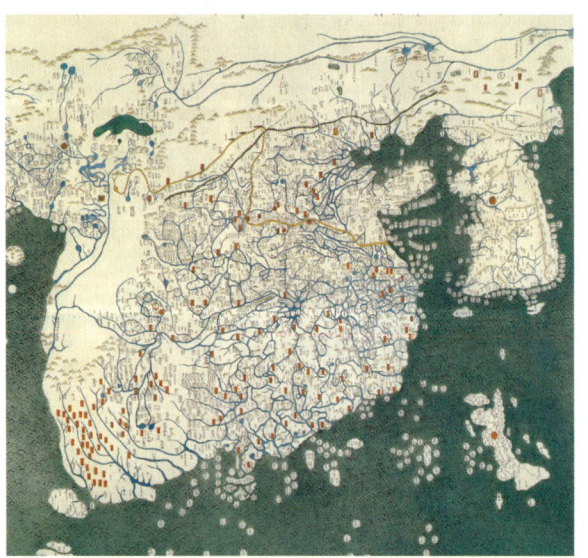

〈혼일강리역대국도지도〉의 조선과 중국
한반도와 중국 부분이야. 조선을 실제 크기보다 열 배는 넘게 크게 그려 놓았어.

봐. 우리나라 영토가 실제보다 너무 크지 않아? 중국은 남한과 북한을 합친 것보다 44배나 넓은 나라야. 그런데 〈혼일강리역대국도지도〉를 보면, 우리나라가 중국의 4분의 1 정도나 되어 보여. 권근은 우리나라를 왜 이렇게 크게 넣은 걸까? 지도 제작 수준이 낮았기 때문일까?

그렇지 않아. 당시 조선 사람들은 중국과 우리나라 영토의 크기 차이를 어느 정도는 알고 있었어. 지금처럼 정확하게 측량할 수는 없었지만, 그래도 조선이 중국보다 훨씬 작다는 사실은 분명히 알고 있었지. 그런데도 이렇게 크게 그린 이유는 이 지도가 조선 사람이 조선 사람을 위해 그린 세계 지도였기 때문이야. 비록 세계 지도이지만, 자기 나라만큼은 강조해서 그려야 한다고 생각했던 거지.

세 나라가 함께 만든 세계 지도

원나라의 세계 지도와 조선의 지도를 합쳤지만, 그것으로 세계 지도가 완성된 것은 아니었어. 중국 다음으로 중요한 나라가 또 있지? 바로 일본이야. 〈혼일강리역대국도지도〉의 일본 부분은 어떻게 그려 넣었을까?

〈혼일강리역대국도지도〉가 완성되기 1년 전의 일이야. 조선이 일본에 사절단을 보냈는데, 그중에는 '박돈지'라는 사람이 있었어. 박돈지는 당시 일본의 수도였던 교토로 가던 중 '미나모토 쇼스케'라는 학자를 만났는데, 그가 마침 일본 지도를 갖고 있다는 사실을 알게 되었어. 박돈지는 그 지도를 보여 달라고 요청했지.

박돈지는 미나모토 쇼스케가 보여 준 일본 지도를 보고 감탄했어. 일본의 모습이 너무나도 생생하게 그려져 있었거든. 박돈지는 이 지도를

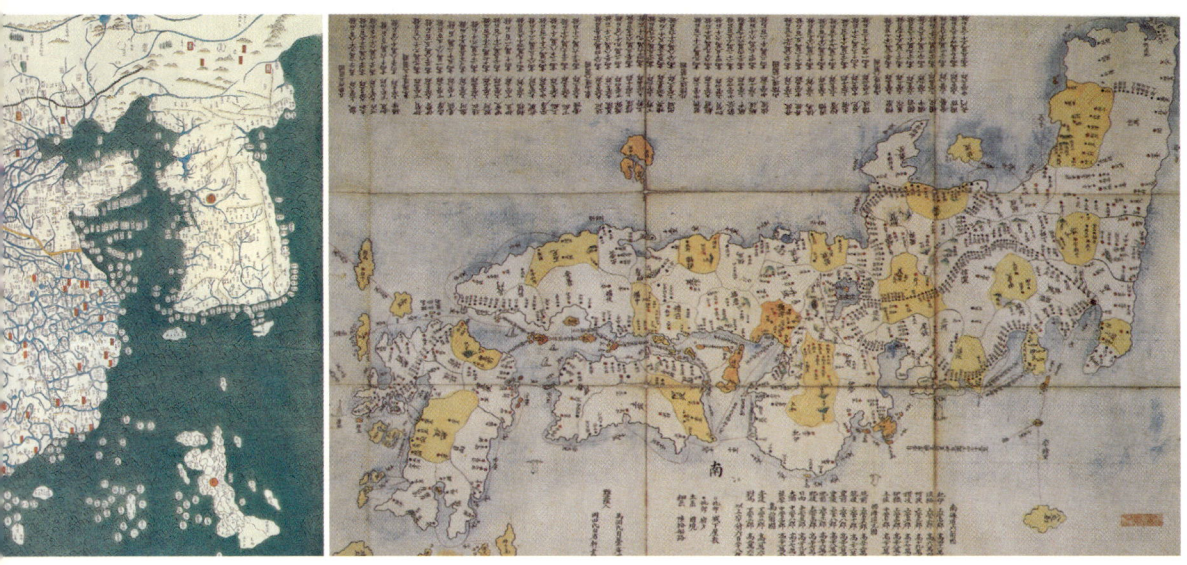

〈혼일강리역대국도지도〉의 일본 부분과 18세기의 일본 지도
오른쪽의 지도는 박돈지가 보고 베낀 미나모토 쇼스케의 지도가 아니라 18세기에 그려진 일본 지도야. 〈혼일강리역대국도지도〉의 일본 부분과 놓여 있는 방향은 다르지만 모양은 아주 비슷해.

가져올 수는 없었지만, 베껴 그리는 것은 허락을 받아. 〈혼일강리역대국도지도〉의 일본 부분은 바로 박돈지가 베껴 그려 온 지도를 보고 그린 거야.

그럼, 〈혼일강리역대국도지도〉를 다시 살펴볼까? 우리나라의 남쪽에 있는 섬이 일본이야.

우선 모양이 원래 모습과 많이 달라. 일본 열도는 원래 한반도를 바라보고 상체를 비스듬히 뒤로 한 채 앉아 있는 모양이어야 해. 그런데 지도를 보면 일본 열도의 북쪽이 아래로 처져 있고, 일본 열도의 남쪽이 위로 올라가 있어. 이건 일본 사람들이 만든 지도를 보고 똑같이 베껴 그린 거라 어쩔 수 없겠지.

위치도 지금하고는 맞지가 않아. 우리나라의 오른쪽에 있어야 하는데 아래쪽에 있어. 〈혼일강리역대국도지도〉를 만든 권근은 일본을 왜 이곳에다 그렸을까? 그 이유를 알 수 없구나. 게다가 일본 땅은 우리나라보다 더 넓어야 하는데, 5분의 1도 채 안 되게 작게 그렸어. 일본 땅의 넓이를 잘 몰라서 그렇게 그린 건지, 일본을 우리나라와 중국보다 덜 중요하게 여겨 일부러 작게 그린 건지는 알 수가 없구나.

〈혼일강리역대국도지도〉가 조선이 만든 지도인 건 분명해. 하지만 이 지도는 원나라가 그린 세계 지도가 없었다면 만들 수 없었어. 그리고 일본이 만든 지도가 우리나라에 전해지지 않았어도 완성될 수 없었지. 그러니까 이 세계 지도는 세 나라가 함께 힘을 모아서 만든 지도라고 할 수 있겠구나.

송나라 황제를 놀라게 한 고려 화가

고려 시대에 있었던 일이야. 고려 인종 임금이 송나라에 사절단을 파견했는데, 일행 중에 '이영'이라는 사람이 있었어. 이영은 고려에서 '천재 화가'라고 불릴 정도로 뛰어난 화가였어.

송나라의 수도 개봉에 도착한 사절단은 송나라 황제 휘종을 만났어. 휘종은 그림을 무척 사랑하는 황제였어. 화가들을 잘 대우해 주었을 뿐 아니라, 뛰어난 그림이라면 값을 따지지 않고 사들이곤 했지.

휘종은 고려 사절단을 만난 자리에게 이렇게 말했어.

"이번 사절단에 뛰어난 화가가 있다지? 그 자에게 그림을 그려 바치라고 하라."

그러자 이영은 사절단이 머물고 있는 객관을 그려서 휘종에게 바쳤어. 휘종은 이영이 그린 그림을 보고 깜짝 놀랐어.

"과연 신이 내린 솜씨로다!"

이 소문을 들은 송나라 사람들은 이영의 객관으로 우르르 몰려와 그림을 그려 달라고 요청했어. 이영은 사람들의 요청에 따라 그림을 그려 준 후에 고려로 돌아왔지.

그로부터 몇 년이 흐르고, 인종은 어느 송나라 상인으로부터 그림 한 폭을 선물 받았어. 인종은 이 훌륭한 그림을 혼자서만 감상하기가 너무 아까웠어. 그래서 천재 화가 이영을 불러 그림을 자랑하기로 했지.

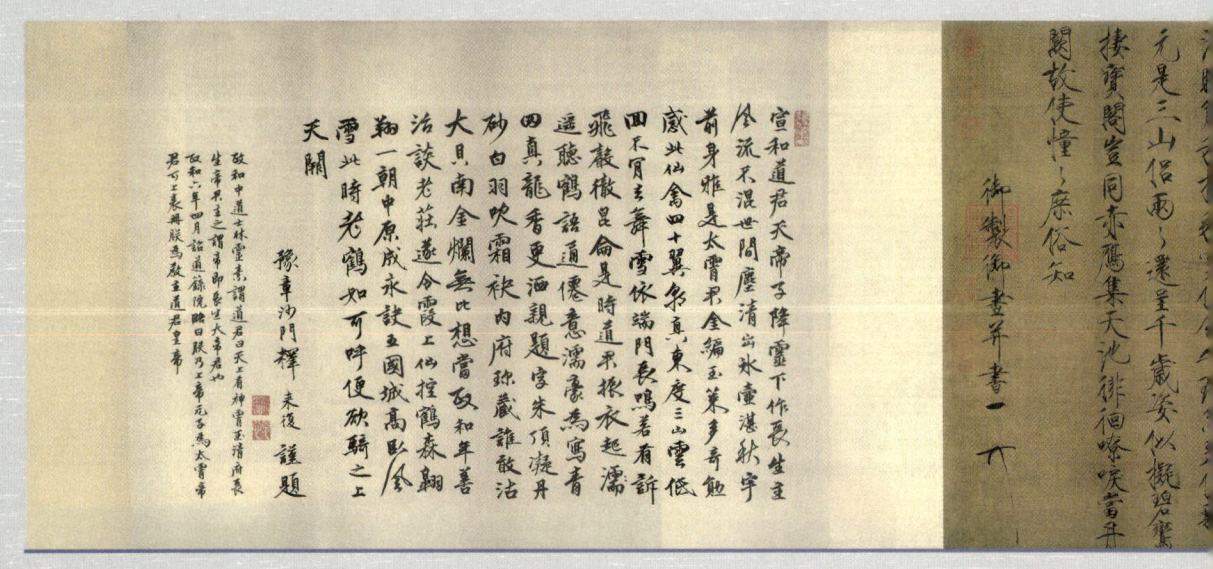

그런데, 이 그림을 본 이영의 입에서 뜻밖의 말이 흘러나왔어.
"이 그림은 제가 송나라에 사신으로 갔을 때 어떤 사람의 부탁으로 그려 준 그림입니다."
이 말을 들은 인종은 이영의 그림 솜씨를 더욱 아끼게 되었단다.
안타깝게도 이영의 그림은 전해지지 않아 볼 수가 없어. 하지만 이 이야기를 통해 그림을 통한 국제 교류가 활발했다는 사실만큼은 확인할 수가 있겠구나.

송 휘종의 그림
송나라의 휘종은 예술을 사랑했고 그림과 서예 솜씨도 뛰어났어. 이 그림 속 궁궐에 가득한 학 떼는 좋은 징조를 뜻한단다.

은이면 다 통해

6

외국 여행을 갈 때 꼭 챙겨야 할 것이 있어. 가장 중요한 건 여권이야. 여권이 없으면 다른 나라로 가는 비행기조차 탈 수 없으니까. 그 다음으로 필요한 건 뭘까? 여행할 나라의 화폐야. 외국에선 우리나라 돈을 사용할 수 없으니, 여행할 나라의 돈으로 미리 바꾸어 가야 해. 중국에 갈 때는 중국 돈 위안화, 일본에 갈 때는 일본 돈 엔화가 필요하지.

아니면 달러만 가지고 다녀도 충분해. 달러는 미국 화폐지만 국제 통화이기도 해. 세계 어느 나라에 가도 그 나라 화폐로 쉽게 바꿀 수가 있지. 그럼 옛날 한국, 중국, 일본 세 나라 사이에도 지금의 달러처럼 국제 통화가 있었을까? 그래, 있었어. 조선 시대 무렵, 세 나라는 무역을 할 때 은으로 만든 화폐, 은화를 주로 사용했단다.

세 나라는 어떻게 해서 은화를 사용하게 된 걸까? 은화는 어떻게 해서 세 나라의 무역에 반드시 필요한 화폐가 된 걸까?

모든 것은 은으로 통한다

중국은 세 나라 중에서 상업과 교역이 가장 먼저 발달한 나라였어. 그래서 먼 옛날부터 화폐를 만들어 사용했지. 돈은 여러 가지 재료로 만들었어. 금이나 은으로 금화나 은화를 만들기도 하고, 구리로 동전을 만들기도 했지. 종이로 지폐를 만들기도 했고. 아니면 쌀이나 면포를 화폐로 사용해서 다른 물건을 사기도 했단다.

그럼, 중국에서 가장 즐겨 사용한 화폐는 무엇이었을까? 금으로 만든 화폐를 가장 좋아하지 않았을까?

사실 금은 너무 귀하고 생산량이 적어서 값싼 물건을 사기에 불편했어. 반대로 동전은 무척 흔했지만 값어치가 크지 않아서 비싼 물건을 사기에는 불편했지. 지폐는 가벼워서 좋았지만, 종이로 만든 돈이라 오래되거나 물에 젖으면 쉽게 찢어졌어. 쌀이나 면포는 들고 다니며 물건을 사기엔 너무 무거웠고. 그래서 중국에서는 은화를 가장 즐겨 사용했단다.

은화가 중국 사람들의 대표적인 화폐가 된 건 명나라 때야. 은광의 개발로 은 생산량이 크게 늘어나서 은화를 많이 만들 수 있게 되었기 때문

중국의 은화
중국 상인들이 사용했던 은화야. 말발굽처럼 생겨서 '마제은馬蹄銀'이라고 불렀어.

은이면 다 통해 | 123

이지. 은화는 점차 명나라 조정은 물론이고 일반 백성들도 가장 많이 사용하는 화폐가 되었어.

은화의 사용량이 늘자 은화의 재료인 은이 더 많이 필요해졌어. 그래서 지방 관아 중에서는 백성들에게 세금을 은으로 내게 하는 곳이 늘어났지. 그런 지방이 점점 더 늘어나자, 명나라 조정은 아예 모든 세금을 은으로 내도록 법을 바꾸어 버렸어.

그래도 은은 사용량보다 공급량이 늘 부족했어. 새로운 은광을 계속 개발했지만 얼마 못 가서 더 개발할 광산마저 남지 않게 되었지. 그래서 명나라는 조선에게 조공으로 은을 바치라고 요구했단다.

획기적인 은 채취 기술을 개발하다

조선은 명나라의 요구에 당황할 수밖에 없었어. 은 생산량이 많지 않았거든. 조선은 쌀이나 면포를 화폐로 사용하고 있었기 때문에 은화가 별로 필요하지 않았고, 은을 열심히 채굴하지 않았던 거야.

당시 조선의 임금이었던 세종은 명나라가 요구하는 은의 양을 도저히 채울 수 없었어. 그래서 명나라 황제에게 편지를 보냈지.

"우리나라는 땅이 좁고 척박하여 은이 많이 생산되지 않습니다. 게다가 저희가 가지고 있는 은도 바닥이 나고 없습니다. 은의 조공을 면제하고 대신 다른 생산물을 바치게 해 주소서."

결국 명나라 황제는 조선에게 은을 바치라는 요구를 더 이상 하지 않았단다.

그런데 얼마 후, 조선은 은을 채취하는 기술을 개발하는 데 성공했어. 원래 은은 은이 들어 있는 광물인 은광석에서 채취하는 거야. 은광석에는 은과 함께 납도 들어 있는데, 납을 제거해야만 은을 얻을 수 있지. 그런데 1503년 함경도 단천에서 김감불과 김검동이라는 사람이 은광석에서 납을 제거하는 연은분리법을 개발한 거야. 연은분리법은 당시로서는 획기적인 첨단 기술이었다고 해.

하지만 조선은 연은분리법을 더 이상 발전시키지 않았어. 은을 생산해서 은화로 만들 생각을 하지 않았지. 이 기술로 은 생산량을 늘리면, 명나라에서 다시 옛날처럼 은을 조공으로 바치라고 요구할지도 모르니까.

은화를 만드는 모습
명나라의 학자 송응성이 펴낸 기술 백과사전인 《천공개물》에 실린 은화 만드는 그림이야. 은을 단련하고 불순물을 분리해서 다듬고 있구나.

조선이 은을 화폐로 활발하게 사용하기 시작한 건 임진왜란 때부터야. 구원병으로 온 명나라 군이 은을 가지고 와서 거래를 했는데, 이때 조선 사람들도 은이 무척 편리하다는 걸 깨달았거든. 임진왜란 당시 어떤 관리는 시장을 돌아본 후 임금에게 이런 보고서를 올렸다고 해.

"요즘에는 술, 고기, 두부, 땔감 등을 살 때 주로 은을 사용합니다. 상인들은 물건을 사러 오는 사람에게 가장 먼저 은을 가지고 왔는지부터 물어봅니다."

임진왜란 이후 은의 사용량은 더욱 늘어났어. 그런데 조선에서 유통되는 대부분의 은은 조선 땅에서 채굴한 은이 아니었어. 조선이 일본에 면포나 인삼을 수출하는 대가로 받은 일본의 은이 대부분이었지. 그럼,

일본은 은을 어떻게 생산했고, 어떻게 조선으로 유통시켰던 걸까?

세 나라에 펼쳐진 은의 길

조선은 은 생산량이 많지 않았기 때문에 명나라가 조선에 더 이상 은을 요구하지 않았다고 했지? 명나라는 다른 나라를 통해 은 부족 문제를 해결해야 했어. 그 나라는 바로 일본이었어.

일본은 물자가 풍부한 명나라와 교역하기를 원했어. 특히 명나라의 비단과 생사는 일본 사람들이 무척 좋아하는 상품이었지. 일본은 명나라의 물자를 수입하기 위해 명나라가 가장 필요로 하는 은을 지불했단다. 비단과 생사를 원하는 일본과 은을 원하는 명나라의 욕구가 잘 맞아떨어진 거지.

생사
누에고치에서 뽑아낸 뒤 삶거나 익히지 않은 상태의 실.

일본이 명나라와 교역하기 위해서는 많은 은이 필요했어. 하지만 일본의 은 생산 기술은 별로 좋지 않았어. 그런데 조선을 왕래하는 일본 상인들로부터 기쁜 소식이 들려왔어. 조선에서 연은분리법이 개발되었다는 소식이었지.

일본 상인들은 조선의 기술자에게 연은분리법을 배워 일본으로 돌아갔어. 그런데 그 무렵 일본 시마네 현의 이와미라는 곳에서 은광이 발견되었어. 이와미 은광을 개발하는 데 성공한 일본은 은 생산량을 엄청나게 많이 늘렸어. 이 은은 은화로 만들어져 일본에서 사용되었을 뿐 아니라 명나라와의 무역에도 사용되었지. 그래서 일본은 명나라에 은을 가장 많이 수출하는 나라가 되었단다.

일본에서 유통한 은화
'정은丁銀'이라고 불리는 일본 에도 시대의 은화야. 손에 쥘 수 있는 정도의 크기인데, 이 은화는 조금 찌그러졌구나.

일본에서 생산된 은은 곧바로 명나라로 흘러들기도 했지만, 조선을 거쳐 명나라로 가는 경우가 더 많았어. 일본 상인이 조선에 와서 면포와 인삼을 구입하는 대가로 은을 지불하면, 조선 상인이 이 은을 지니고 명나라로 가서 그곳 물자와 교환하는 방식이었지. 그래서 일본에서 조선을 거쳐 명나라의 수도 북경까지 이어졌던 무역의 길을 '은의 길'이라고 부르기도 한단다.

중국 명나라는 엄청난 양의 은을 빨아들이는 은 수입국이었고, 일본은 은 수출국으로서 명나라의 부족한 은을 보충해 주는 역할을 했어. 조선은 연은분리법 기술로 일본의 은 생산에 도움을 주었지. 은을 매개로 조선과 일본, 명나라 사이의 무역은 더욱 활발해졌단다.

은으로 세계와 하나가 되다

　명나라, 조선, 일본이 은을 매개로 활발하게 무역을 할 무렵, 유럽은 대항해 시대를 맞이하고 있었어. 1492년 콜럼버스가 인도로 가는 항로를 찾아 떠났다가 아메리카 대륙을 발견했고, 얼마 후 바스코 다 가마라는 항해가가 아프리카를 돌아 아시아로 가는 항로를 개척했지.

　유럽은 신대륙과 항로를 발견하자, 아시아와 직접 교역을 시도했어. 특히 명나라와 교역해서 비단과 자기를 수입하길 원했지. 하지만 문제는 명나라에 수출할 만한 물자가 별로 없었다는 거야. 명나라는 물자가 풍부한 나라여서 유럽의 물자를 별로 원하지 않았어. 명나라가 유일하게 원했던 건 바로 은이었어.

　유럽 사람들은 새로 발견한 아메리카 대륙에서 은광을 개발하기 시작했어. 은광 개발을 가장 열심히 한 나라는 포르투갈과 에스파냐(오늘날의 스페인)야. 포르투갈 상인은 아메리카의 은을 가지고 바스코 다 가마가 개척한 항로를 따라 명나라 남쪽의 마카오에 도착한 후 명나라 상인과 교역했어. 에스파냐 상인은 아메리카의 은을 가지고 태평양을 건너 필리핀 마닐라에 도착한 후 그곳에 온 명나라 상인과 교역을 했지. 그래서 명나라는 세계에서 은을 가장 많이 보유하는 나라가 되었단다.

　은은 처음에는 명나라, 조선, 일본 세 나라 사이에서 거래되었어. 하지만 유럽의 대항해 시대가 열린 후 유럽의 상인을 통해 아메리카의 은이 명나라로 들어오게 되었고, 세계 여러 나라에서도 은을 화폐로 사용하기 시작했지. 세계 경제는 은을 매개로 점차 하나로 통합되어 갔단다.

세 나라의 미래를 향하여

지난 2000년 동안 한국, 중국, 일본은 중국을 중심으로 '한 지붕'을 이루며 살아왔어. 조공 책봉 관계의 형식으로 공식 외교 관계를 맺었고, 이를 바탕으로 서로 만나고, 문화를 나누었지.

한 지붕 아래에 살았다고 해서 세 나라가 한 가족이 된 건 아니야. 서로의 문화를 그대로 따라하거나 베낀 것이 아니라 자기 나라의 문화에 맞게 이해하고 받아들이고 새롭게 창조했단다. 그래서 나는 한국, 중국, 일본 세 나라의 관계를 '한 지붕, 세 가족'이라고 부르고 싶구나.

하지만 오랫동안 유지되던 세 가족의 지붕은 150여 년 전부터 무너지기 시작했어. 중국, 일본, 한국이 서양 세력에 차례로 문을 열었고, 중국이 차지해 온 주도권은 일본에게 넘어갔지.

2차 세계 대전이 끝나자 세 나라의 관계는 예전과 또 달라졌어. 중국을 받들던 시대도 끝났고, 일본이 지배하는 시대도 지나갔지. 이제는 세 나라가 평등한 관계를 맺으며 우호와 협력을 강조하고 있어.

하지만 세 나라 사이에는 아직도 풀지 못한 숙제가 많이 남아 있단다. 일본은 한국을 식민 지배하고 중국을 침략했던 역사에 대해 아직도 진심 어린 사과를 하지 않고 있어. 영토 분쟁을 비롯해서 중국의 동북공정이나 일본의 역사 교과서 왜곡과 같은 역사 분쟁도 여전히 진행 중이지.

한국, 중국, 일본은 지금과 같은 대립과 갈등을 어떻게 해결해야 할까? 세 나라가 함께 만들어 온 교류의 역사를 떠올리고 거기에서 교훈을 찾아야 한다고 생각해.

앞에서 함께 살펴본 수많은 이야기들을 한번 떠올려 봐. 세 나라는 언제나 서로의 다른 점을 이해하기 위해 노력했어. 서로를 배우며 수많은 공통분모를 만들고, 그러면서도 새롭게 재창조하는 일을 결코 게을리 하지 않았지.

지난 교류의 역사를 떠올리며 오늘날 문제 해결의 실마리를 찾는다면, 세 나라는 다시 '한 지붕 세 가족'으로서 새로운 미래를 향해 함께 나아갈 수 있지 않을까?

한·중·일 주요 역사 연표

기원전 551년	공자 출생
기원전 479년	공자 죽음
기원전 221년	진 시황제, 중국 통일
기원전 202년	한나라 건국
기원전 141년	한나라, 무제 즉위
기원전 108년	한나라, 고조선을 멸망시키고 한사군 설치
기원전 87년	한 무제 죽음
220년	한나라 멸망
	조조의 아들 조비, 위나라 건국
221년	유비, 촉나라 건국
229년	손권, 오나라 건국
200년대 말	야마토 왕조 탄생
313년	고구려, 낙랑군 축출
501년	백제, 무령왕 등극
521년	무령왕, 양나라에 사신 파견 후 영동대장군 책봉 받음
523년	무령왕 죽음
549년	양 무제 죽음
618년	당나라 건국
627년	현장, 인도 여행을 떠남
	원측, 당나라 유학을 떠남
630년	일본, 1차 견당사 파견
644년	양만춘, 안시성에서 당나라 군대 물리침
650년	원효와 의상, 당나라 유학을 떠났으나 원효는 귀국

660년	백제 멸망
	의자왕, 당나라로 끌려 감
668년	고구려 멸망
	신라, 삼국 통일
676년	원측, 경전 번역에 참여
678~684년	흑치상지, 돌궐에 승리
717년	기비노 마키비와 아베노 나카마로, 당나라에 도착
724년	요에이, 견당사와 함께 당나라에 도착
735년	통일 신라, 일본에 사신 파견하여 '왕성국'으로 자칭
	기비노 마키비, 일본 귀국
747년	고선지, 서역 원정에 성공
751년	고선지, 탈라스 전투에서 패배
753년	감진, 일본에 도착
828년	장보고, 청해진 설치
838년	엔닌, 당나라에 도착
846년	엔닌, 일본 귀국
868년	최치원, 당나라 유학을 떠남
874년	최치원, 빈공과에 합격
881년	최치원, 〈토황소격문〉 씀
907년	당나라 멸망
918년	고려 건국
956년	쌍기, 고려에 사신으로 파견
960년	송나라 건국

971년	송나라, 《개보대장경》 간행 시작
983년	송나라, 《개보대장경》 완성
985년	쌍기, 과거 제도 창설
993년	서희, 요나라 소손녕과 담판을 벌임
1011년	《초조대장경》 간행 시작
1087년	《초조대장경》 완성
1232년	《초조대장경》, 몽골군 침입으로 불타 없어짐
1236년	《팔만대장경》 간행 시작
1251년	《팔만대장경》 완성
1270년	원나라의 고려 간섭 시작
1289년	안향, 원나라에 가서 공자와 주희의 초상화를 그려 가져옴
1313년	충선왕, 왕위에서 물러나 대도에 머물며 만권당 세움
1314년	이제현, 원나라에 감
1392년	고려 멸망, 조선 건국
1401년	박돈지, 일본에 가서 일본 지도를 베껴 옴
1402년	권근, 〈혼일강리역대국도지도〉 제작
1404년	조선, 1차 통신사 파견
1407년	부산포와 내이포 개항
1424년	일본 사신, 《팔만대장경》 경판을 요구하며 단식을 벌임
1426년	염포 개항
1492년	콜럼버스, 아메리카 신대륙 발견
1498년	바스코 다 가마, 신항로 발견
1503년	김감불과 김검동, 연은분리법 개발

1510년	삼포왜란 발발
1592년	임진왜란 발발
	명나라, 조선에 원군 파병
	사야가, 조선에 투항
1597년	정유재란 발발
	강항, 일본에 끌려가서 후지와라 세이카에게 유학을 가르침
1598년	심수관 가문, 일본에 포로로 끌려감
1600년	강항, 조선 귀국
1601년	동관왕묘(동묘) 완공
1603년	도쿠가와 이에야스, 에도 막부 설치
1635년	일본, 외국 선박의 입항을 나가사키 한 곳으로 제한
1636년	병자호란 발발
1637년	조선, 청나라에 항복
	소현 세자, 청나라에 볼모로 감
1644년	소현 세자, 북경에서 아담 샬 만남
1765년	홍대용, 청나라에 감
1780년	박지원, 청나라에 감
1873년	사쓰마 자기, 오스트리아 빈 만국박람회에서 호평 받음

참고한 책과 자료

《조선왕조실록》(sillok.history.go.kr)
E. O. 라이샤워 지음, 조성을 옮김, 《중국 중세사회로의 여행: 라이샤워가 풀어 쓴 엔닌의 일기》, 한울, 2007.
KBS 역사스페셜 제작팀 지음, 《우리 역사, 세계와 통하다》, 가디언, 2011.
KBS 역사스페셜 제작팀 지음, 《역사스페셜: 숨겨지고 잃어버린 역사 새로 읽기》 1~7, 효형출판, 2008.
KBS 한국사傳 제작팀 엮음, 《한국사(傳)》 1~2, 한겨레출판, 2008.
강항 지음, 김찬순 옮김, 《간양록: 조선 선비 왜국 포로가 되다》, 보리, 2006.
국립공주박물관 엮음, 《무령왕릉을 격물하다: 무령왕릉 발굴 40주년 기념 특별전》, 국립공주박물관, 2011.
권오영 지음, 《고대 동아시아 문명 교류사의 빛, 무령왕릉》, 돌베개, 2005.
기시모토 미오·미야지마 히로시 지음, 김현영·문순실 옮김, 《조선과 중국 근세 오백년을 가다: 일국사를 넘어선 동아시아 읽기》, 역사비평사, 2003.
김문경 지음, 《삼국지의 영광: 베스트 소설 천년의 역사》, 사계절출판사, 2002.
김문경 지음, 《입당구법순례행기를 통해 본 신라인군상》, 해상왕장보고기념사업회, 2008.
김문경 지음, 《장보고 연구》, 연경문화사, 1997.
김병근 지음, 《수중고고학에 의한 동아시아 무역관계 연구: 신안 해저유물을 중심으로》, 국학자료원, 2004.
김성남 지음, 《이야기로 읽는 한중 문화 교류사》, 프로젝트 409, 2004.
김용운·진순신 지음, 《한·중·일의 역사와 미래를 말한다》, 문학사상, 2000.
김충식 지음, 《슬픈 열도: 영원한 이방인 사백 년의 기록》, 효형출판, 2006.
김현구 외 지음, 《한일 상호간 집단 거주지의 역사적 연구: 미래지향적 한일관계의 제언》, 경인문화사, 2011.
김호동 지음, 《몽골제국과 세계사의 탄생》, 돌베개, 2010.
김희영 지음, 《이야기 일본사》, 청아출판사, 2006.
니시지마 사다오 지음, 이성시 엮음, 송완범 옮김, 《일본의 고대사 인식: '동아시아세계론'과 일본》, 역사비평사, 2008.
동북아역사재단 엮음, 《고대 동아시아의 문자교류와 소통》, 동북아역사재단, 2011.
동북아역사재단 엮음, 《고대 환동해 교류사》 1~2, 동북아역사재단, 2010.
모리스 로사비 지음, 강창훈 옮김, 《쿠빌라이 칸, 그의 삶과 시대》, 천지인, 2008.
무라이 쇼스케 지음, 이영 옮김, 《중세 왜인의 세계》, 소화, 1998.
미야 노리코 지음, 김유영 옮김, 《조선이 그린 세계 지도: 몽골 제국의 유산과 동아시아》, 소와당, 2010.
박노자 지음, 《거꾸로 보는 고대사: 민족과 국가의 경계 너머 한반도 고대사 이야기》, 한겨레출판, 2010.
박노자 지음, 《우리가 몰랐던 동아시아》, 한겨레출판, 2007.
박지원 지음, 김혈조 옮김, 《열하일기》 1~3, 돌베개, 2009.
박한제 외 지음, 《아틀라스 중국사》, 사계절출판사, 2007.
발레리 한센 지음, 신성곤 옮김, 《열린 제국: 중국》, 까치글방, 2005.
방학봉 지음, 《중국을 뒤흔든 우리 선조 이야기: 고구려·백제·신라 편》, 일송북, 2004.
사마천 지음, 김원중 옮김, 《사기세가》, 민음사, 2010.
손승철 지음, 《조선 통신사, 일본과 통하다: 우정과 배신의 오백 년 역사》, 동아시아, 2006.
손제하 지음, 하일식 옮김, 《조선이 일본에 전해준 하이테크 이야기》, 일빛, 2005.

신유한 지음, 강혜선 옮김, 《조선 선비의 일본견문록: 대마도에서 도쿄까지》, 이마고, 2008.

아틀라스 한국사 편찬위원회 지음, 《아틀라스 한국사》, 사계절출판사, 2004.

안드레 군더 프랑크 지음, 이희재 옮김, 《리오리엔트》, 이산, 2003.

엔닌 지음, 김문경 역주, 《엔닌의 입당구법순례행기》, 중심, 2001.

오윤희 지음, 《대장경, 천 년의 지혜를 담은 그릇》, 불광출판사, 2011.

요시노 마코토 지음, 한철호 옮김, 《동아시아 속의 한일 2천년사》, 책과함께, 2005.

우에하라 카즈요시 외 지음, 한철호·이규수 옮김, 《동아시아 근현대사》, 옛오늘, 2000.

유홍준 지음, 《유홍준의 한국미술사 강의》 1~2, 눌와, 2010~2012.

유홍준 지음, 《알기 쉬운 한국도자사》, 학고재, 2008.

윤용이 지음, 《우리 옛 도자기의 아름다움》, 돌베개, 2007.

이근명 편역, 《중국역사》, 신서원, 2003.

이덕일 지음, 《조선 최대 갑부 역관》, 김영사, 2006.

이성시 지음, 김창석 옮김, 《동아시아의 왕권과 교역》, 청년사, 1999.

이성시 지음, 박경희 옮김, 《만들어진 고대: 근대 국민 국가의 동아시아 이야기》, 삼인, 2001.

이수광 지음, 《중국을 뒤흔든 우리 선조 이야기: 고려·조선 편》, 일송북, 2004.

이이화, 《한국사 이야기》 1~4, 한길사, 1998.

이희근 지음, 《우리안의 그들 역사의 이방인들: 섞임과 넘나듦 그 공존의 민족사》, 너머북스, 2008.

일본 역사교육자협의회 편, 송완범·신현승·윤한용 옮김, 《동아시아 역사와 일본》, 동아시아, 2005.

일본사학회 지음, 《아틀라스 일본사》, 사계절출판사, 2011.

전국역사교사모임·일본역사교육자협의회 지음, 《마주 보는 한일사》 1~2, 사계절출판사, 2006.

정광 역주 및 해제, 《원본 노걸대》, 김영사, 2004.

정수일 지음, 《한국 속의 세계: 우리는 어떻게 세계와 소통해왔는가》 상·하, 창비, 2005.

조영록 엮음, 《한중 문화교류와 남방해로》, 국학자료원, 1997.

조영록 지음, 《근세 동아시아 삼국의 국제교류와 문화》, 지식산업사, 2002.

주강현 지음, 《제국의 바다 식민의 바다》, 웅진지식하우스, 2005.

주영하 지음, 《차폰 잔폰 짬뽕: 동아시아 음식 문화의 역사와 현재》, 사계절출판사, 2009.

지영재 지음, 《서정록을 찾아서》, 푸른역사, 2003.

최소자 지음, 《청과 조선: 근세 동아시아의 상호인식》, 혜안, 2005.

최진열 지음, 《대륙에 서다: 2천년 중국 역사 속으로 뛰어든 한국인들》, 미지북스, 2010.

티모시 브룩 지음, 이정·강인황 옮김, 《쾌락의 혼돈: 중국 명대의 상업과 문화》, 이산, 2005.

한국역사연구회 고대사분과 지음, 《고대로부터의 통신》, 푸른역사, 2004.

한일공통역사교재 제작팀 지음, 《조선통신사: 도요토미 히데요시의 조선 침략과 우호의 조선통신사》, 한길사, 2005.

한중일 3국 공동역사편찬위원회 지음, 《한중일이 함께 쓴 동아시아 근현대사》 1~2, 휴머니스트, 2012.

호리 도시카즈 지음, 정병준·이원석·채지혜 옮김, 《중국과 고대 동아시아 세계: 중화적 세계와 여러 민족들》, 동국대학교 출판부, 2012.

홍대용 지음, 김태준·박성순 옮김, 《산해관 잠긴 문을 한 손으로 밀치도다: 홍대용의 북경 여행기 〈을병연행록〉》, 돌베개, 2001.

사진 자료 제공

찾아보기

ㄱ

감진 49
강항 80
《개보대장경》 86
〈건정동 필담〉 39
견당사 25, 44
고려청자 104
고선지 54
공자 74
과거 제도 56
관우 94, 103
권근 114
금동미륵보살반가사유상 92
기비노 마키비 44

ㄴ

나가사키 68
나관중 96
남월 17
《노걸대》 41
《논어》 76

ㄷ

당인촌 67
도요토미 히데요시 57, 59, 108
도원결의 101
도자기 104
동관왕묘(동묘) 103

ㅁ

만권당 83
목조미륵보살반가사유상 92
무령왕 14, 21
무슬림 63
미나모토 쇼스케 117

ㅂ

박돈지 117
북학파 40
분청자 104, 107
빈공과 43

ㅅ

사서삼경 37
사쓰마 자기 109, 110
사야가(김충선) 59
《삼국지》 94
《삼국지연의》 38, 96
삼포 65
삼포왜란 66
상감 청자 106
《상감행실도》 79

서긍 106
서희 56
소현 세자 51
송 휘종 120
숭유억불 79, 89
시마즈 요시히로 109
신독 17
신라방 61, 63
신법지평일구 51
심수관 109, 110
쌍기 56
쓰시마(대마도) 29, 64, 87

ㅇ

아담 샬 51
아베노 나카마로 44
안향 78
야마토 왕조 16
〈양직공도〉 14
엔닌 70
역관 28, 38
연은분리법 125
《열하일기》 27
오대십국 시대 55, 106
요에이 48
원측 47
위만 10
위진남북조 시대 15, 85

유가 사상 76
유학 76
육로 22
은화 122
이야기꾼 95, 99
이영 120
이제현 83
《입당구법순례행기》 71

ㅈ

장보고 33, 61
《재조대장경》 84
적산법화원 61, 63, 70
조공 책봉 관계 16
조총 57, 59
주자학 78
주희 78

ㅊ

차이나타운 60
《초조대장경》 84
《초조본 대방광불화엄경》 88
최치원 38, 42
춘추전국 시대 10
충선왕 83

ㅋ

쿠빌라이 칸 115

ㅌ

탈라스 전투 54
〈토황소격문〉 43
통신사 29, 67

ㅍ

《팔만대장경》 84
필담 38

ㅎ

항왜 59
해로 22
〈혼일강리역대국도지도〉 113
홍대용 38
후지와라 세이카 80
흉노 17
흑치상지 54

세 나라는 늘 싸우기만 했을까?
한국·중국·일본의 교류 이야기

1판 1쇄 2013년 7월 29일
1판 7쇄 2023년 3월 15일

지은이 | 강창훈
그린이 | 오동

펴낸이 | 류종필
편집 | 박병익
마케팅 | 이건호
경영지원 | 김유리
표지·본문 디자인 | 매펑_이소영

펴낸곳 | (주)도서출판 책과함께
　　　　주소 (04022) 서울시 마포구 동교로 70 소와소빌딩 2층
　　　　전화 (02) 335-1982
　　　　팩스 (02) 335-1316
　　　　전자우편 prpub@daum.net
　　　　블로그 blog.naver.com/prpub
　　　　등록 2003년 4월 3일 제2003-000392호

이 책의 저작권은 지은이 강창훈과 그린이 오동 그리고 도서출판 책과함께에 있습니다.
이 책의 내용을 이용하려면 저작권자와 출판사에게 모두 서면동의를 받아야 합니다.
잘못된 책은 구입하신 서점에서 바꾸어 드립니다.

ISBN 978-89-97735-26-6 73900